Cristianismo
y Economía
de Mercado

AL RESCATE DE
UN LIBERALISMO PERDIDO

IGNACIO DE POSADAS MONTERO

AL RESCATE DE UN LIBERALISMO PERDIDO

Unión Editorial

CENTRO DIEGO
DE COVARRUBIAS
THINK!

© 2024 Ignacio de Posadas Montero
© 2024 UNIÓN EDITORIAL, S.A.
c/ Hilarión Eslava 21 - local • 28015 Madrid
Tel.: 91 350 02 28
Correo: editorial@unioneditorial.net
www.unioneditorial.es

© 2024 CENTRO DIEGO DE COVARRUBIAS
Correo: info@centrocovarrubias.org
www.centrocovarrubias.org

ISBN: 978-84-7209-929-6
Depósito legal: M-13.081-2024

Imagen de la cubierta:
«José Artigas y el Teniente de Navío Eduardo Frankland firman en Purificación,
el 8 de agosto de 1817 el *Convenio de Libre Comercio entre Vasallos de SMB y
Puertos de la Banda Oriental del Río de la Plata*».
Óleo de José Luis Zorrilla de San Martín.

Compuesto e impreso por EL BUEY LIBERAL, S.L.

Impreso en España • *Printed in Spain*

ÍNDICE

PRESENTACIÓN del Centro Diego de Covarrubias..........9

PRÓLOGO de Alex Chafuen.............................. 11

PREFACIO. APRENDER CON LA LECTURA
de Fernando Henrique Cardoso................................ 17

I. INTRODUCCIÓN. SER LIBERAL ES UN QUEMO..........29

II. LIBERALISMO: DE QUÉ ESTAMOS HABLANDO..........35
Locke: prolegómenos del liberalismo......................37
Locke: ¿fundador del liberalismo?...........................45
Los liberales norteamericanos...............................52
La experiencia francesa......................................59
Adam smith.. 61
Auge y ocaso del liberalismo................................65
Los baluartes liberales 71
Friedrich von Hayek... 71
De mediados del siglo xx para acá..........................82
Tropiezo del keynesianismo.................................83
Discrepancias liberales 84

III. CRÍTICAS A CIERTAS BASES DEL PENSAMIENTO
LIBERAL..93
Reflexiones de un liberal decepcionado....................93
Las críticas al liberalismo de parte del pensamiento
comunitario...99
El liberalismo y la virtud................................ 107

7

IV. ¿ENTONCES? ¿A QUÉ VIENE TODO ESTO?............. 117
    Introducción 117
    ¿Dónde erramos el trillo?... 118
    ¿Por qué no abandonarlo todo?................................125
    Enseguida saltará la pregunta: ¿Cómo imponer
    después ese sistema? 127

V. EN LA BÚSQUEDA DE UN LIBERALISMO
    CONTEMPORÁNEO 129
    Etapa epistemológica...129
    Perspectiva ontológica... 131
    Perspectiva antropológica 149
    Perspectiva política 152
    Perspectiva económica 164
    El derecho de propiedad.. 165
    La libertad económica... 169

VI. HACIA UNA POSTURA LIBERAL COHERENTE
    Y VIABLE.. 179
    Aterrizando en la realidad uruguaya....................... 182
    La discusión sobre el mercado 204
    Mill y el mercado...208
    Otras consideraciones acerca de la igualdad...........209
    El Estado de Derecho 211
    Conclusiones... 216

BIBLIOGRAFÍA...227

AGRADECIMIENTOS...235

PRESENTACIÓN

En la historia de la Humanidad, la lucha por la Libertad, fundamento de la dignidad humana, ha sido ardua y constante, en un proceso de lentos avances sujetos a ataques desde distintos ámbitos de la sociedad, tanto políticos como religiosos.

La libertad económica, que dio los primeros pasos con los escolásticos españoles del s. XVI y que se plasma en la libertad de empresa y en la libertad de mercado, ha sufrido múltiples avatares hasta que, con la Revolución Industrial, pudo empezar a demostrar con resultados sus beneficios: crecimiento económico, prosperidad, disminución de la pobreza y del hambre, y avance del bienestar material de la humanidad.

Sin embargo, tales éxitos han sido constantemente denostados desde distintas perspectivas debido a ese pecado capital que es la envidia.

En concreto, las ideas sociales derivadas tanto del socialismo (en sus múltiples facetas) como del conservadurismo han puesto constantes trabas a los avances de la libertad económica. A estos ataques se han sumado algunas ideas religiosas ancladas en una economía anticuada, que valora el intercambio como un juego de suma cero, sin crecimiento ni movilidad vertical y horizontal. Todo ello hace que, en estos momentos, la libertad de las personas, de la sociedad y de la economía esté amenazada o, al menos, se halle en cuestión en amplias capas de nuestra sociedad, incluso a pesar de los evidentes beneficios que genera.

La colección que se inició con el nombre de **Cristianismo y Economía de Mercado** de la mano de Unión Editorial y del Centro Diego de Covarrubias pretende aportar conocimiento, ideas y argumentos a esa batalla que se está desarrollando, en la que defendemos una sociedad basada en el concepto indivisible de la libertad de la persona que creemos fundamentada en tres pilares:

1. **Un sistema económico de libre mercado y libre empresa** que se deriva de la existencia de derechos de propiedad bien definidos y debidamente protegidos por la Ley. La economía de mercado constituye la forma más eficaz, eficiente y moral de combatir la pobreza y crear riqueza, empleo y bienestar.
2. **Un sistema político democrático** basado en la separación real de poderes, la igualdad ante la Ley y el respeto de los derechos constitucionales de las minorías. A ello se suman la garantía del derecho a la vida (incluida la del concebido y aún no nacido), a la propiedad y a las libertades personales (de expresión, educación, religión, desplazamiento, residencia, etc.) que derivan del Derecho Natural.
3. **Un sistema moral y cultural pluralista** basado en los principios éticos y culturales de la civilización judeo-cristiana y greco-romana. Estos principios definen el sistema de valores que actúa como marco en el que se desenvuelven los otros dos pilares.

VICENTE BOCETA ÁLVAREZ
Presidente de Honor del Centro Diego de Covarrubias

PRÓLOGO

"¿Qué político con ambiciones de llegar alto piensa en que lo ayudará a ganar adeptos si se proclama públicamente como un liberal? Difícil que ocurra en nuestro país. Por el contrario, mientras que quienes se autodefinen como izquierdistas (o como "social demócratas", que suena más elevado y menos popu), son legión".

Cuando Ignacio de Posadas escribió este primer párrafo, ni él, ni quizás ninguno de los que está leyendo este libro, podía predecir que seis años después, y solo meses antes de aparecer esta segunda edición de su libro, un economista lanzado a la política, haciendo alarde de su liberalismo económico, se convertiría en el presidente de Argentina –un país que en estas últimas décadas figura muy por debajo de Uruguay en los índices de libertad económica, y más bajo aún en estado de derecho.

¿Acaso el fenómeno de Javier Milei nos lleva a la conclusión de que al menos un país vecino, mucho más grande y de enorme relevancia para Uruguay, va en camino a recobrar ese liberalismo perdido? En los días de la inauguración presidencial de Javier Milei, cuando caminaba por las calles de Buenos Aires con la gorra de Milei con la inscripción "Las Fuerzas del Cielo", eran los vendedores ambulantes y los botones de los hoteles, no solo los jóvenes *cool* quienes me felicitaban y pedían sacarse fotos conmigo.

Ignacio de Posadas pudo ver el surgimiento y primeros meses del gobierno de Javier Milei desde el otro lado del Río de la Plata. Como perteneciente al sector de los "liberales tranquilos", como los llamaba el expresidente Herrera, Posadas trata de recobrar un liberalismo, o un estilo de liberalismo, muy distinto del de Milei. Su libro es un pequeño manual para recuperar ese "liberalismo de caballeros", tolerante, abierto y enfocado en el bienestar general.

Vayamos a la contribución de este libro educacional. Este trabajo de Posadas hace mención especial al liberalismo y falta de liberalismo en Uruguay. La enorme mayoría de sus argumentos, y las copiosas citas, son útiles para entender lo que es el verdadero liberalismo no solo en Uruguay, sino en cualquier latitud, especialmente en Occidente. Casi un cuarto del libro, por ejemplo, es una selección de textos de grandes pensadores liberales de Occidente. En lugar de reinterpretar a estos clásicos, Posadas los deja "hablar".

Ignacio de Posadas no solo analiza a los defensores del liberalismo, sino también las críticas de Alasdair MacIntyre, John Gray y otros a aspectos de esta filosofía política y económica. Esto no hace mella en su análisis y en cómo se aferra a su conclusión de anclar el liberalismo en el correcto entendimiento de lo que es la persona humana. Para Posadas, las contribuciones aristotélico-tomistas, complementadas por las ideas y perspectivas de los grandes pensadores liberales del siglo XX, nos dan las bases para rescatar el verdadero liberalismo. Entre los autores más citados encontramos a John Locke, Adam Smith y F.A. Hayek. Asimismo, Posadas incluye las opiniones de Ludwig von Mises y de Murray Rothbard. Este último es considerado como el padre del anarcocapitalismo, el ala más radical del liberalismo. Yo tuve el privilegio de conocer a Hayek y a Rothbard. No me imagino a ninguno de los dos en la función política. Pero si hubiesen realizado la transición que hizo Javier Milei de profesor a político, me imagino a Hayek más parecido a Posadas y, desde ya, a Rothbard más parecido a Javier Milei durante el comienzo de su campaña política.

Para recobrar este liberalismo perdido, Posadas rescata y defiende la importancia de la ley y del derecho natural. Aquí utiliza los argumentos de uno de los grandes promotores del derecho natural durante el siglo XX, el filósofo del derecho Javier Hervada (1934-2020). Posadas le da tal importancia al derecho natural que ha estado escribiendo otro libro sobre la importancia de esta tradición para los tiempos de hoy. En lo que se refiere al tema que más conozco, el económico, es bueno recordar que el libro de historia del análisis económico más celebrado, el realizado sobre el manuscrito de Joseph Schumpeter, dedica nada menos que 70 páginas a la escolástica y a los "Doctores Escolásticos y Filósofos del Derecho Natural". Schumpeter señala que no hay que descuidar "buscar en los escolásticos el origen de las teorías propias del liberalismo, del *laissez-faire* ochocentista", y que "estos son los autores que con menos incongruencia se puede decir que han sido los "fundadores" de la economía científica".

¿Se puede medir el liberalismo? Solamente tenemos aproximaciones. Los índices de libertad económica que se han venido perfeccionando desde hace décadas reflejan que cuanto más se acercan las sociedades al ideal liberal tal como lo defiende Posadas, más prosperas tienden a ser. En el índice de libertad económica de la Fundación Heritage, Uruguay aparece en el puesto 27 entre 176 países, apenas por debajo de Estados Unidos, que aparece en el puesto 25. De los latinoamericanos, solamente Chile aparece en un puesto mejor. En el índice elaborado por el Fraser Institute de Canadá, Uruguay aparece mucho más bajo, 65 entre 165 países, y en el octavo puesto en Latinoamérica. Pero me parece muy bien que Posadas apunte a más.

También tienden a ser más prósperos los países que figuran en lo alto del índice que elabora el World Justice Project sobre la calidad del estado de derecho. Ignacio de Posadas dedica una parte de su libro a enfatizar la importancia del "estado de derecho" y, apoyándose muchas veces en Hayek, remarca que la igualdad ante la ley es uno de los requisitos esenciales de una sociedad liberal. Uruguay califica en el puesto 25 de 142 países que figuran en el último *ranking* del World Justice Project. Un puesto por arriba de Estados Unidos, y es el mejor país de Latinoamérica. Quizás es por este clima jurídico más sano en Uruguay que Posadas no toca el tema que ha enturbiado tanto la reputación del capitalismo: la corrupción y la cuasi corrupción del capitalismo de amiguetes (*crony capitalism*). En el índice de percepción de corrupción elaborado por Transparencia Internacional, Uruguay aparece en un envidiable puesto, 16 entre 180 países, también el mejor de Latinoamérica y por encima de Estados Unidos.

Uno de los adjetivos que usa frecuentemente De Posadas para criticar a las ideologías contrarias al liberalismo es el de "rousseauniano", en relación a las ideas pregonadas por Jean-Jacques Rousseau. Schumpeter definía a Rousseau como un "semi socialista". Sus ideas son bien abordadas por Posadas. La lectura que hace de John Locke es muy similar a la que hace Don Devine. En palabras de Devine: "Para entender a Locke hay que verlo como influenciado por el cristianismo, aunque no exclusivamente, y también por los neoescolásticos pragmáticos y naturalistas posteriores como Richard Hooker, Hugo Grotius y Samuel von Puffendorf". Estos últimos, a su vez, fueron fuertemente influidos por la escolástica tardía de tradición católica.

Para recuperar el liberalismo, Ignacio de Posadas nos pide que nos anclemos en la persona humana. La concepción de la persona humana tiene una larga tradición. Por eso nos dice:"Volvamos a mirar el pensamiento liberal a partir de sus orígenes aristotélicos, estoicos y tomistas, para ver si con esas herramientas podemos reconstruir un sistema que sea racional, coherente, antropológicamente apto y aceptable". Amen.

En la historia de la civilización, fue en Estados Unidos de Norteamérica donde Posadas encuentra que más se puso en práctica un marco legal acorde con la verdadera naturaleza de la persona humana. Escribe De Posadas: "Leyendo los sucesivos artículos del Federalista, verdadero depósito de las tradiciones constitucionales de EE.UU, podemos ver que por detrás de la diversidad de opiniones está este sustento básico sobre la concepción del sistema. Sustento jurídico, pero en última instancia filosófico, antropológico: una concepción del ser humano". En esa magnífica colección del Federalista, no se hace mención del liberalismo o de capitalismo. Si se menciona la democracia, es para distinguirla del concepto de república, el gran ideal que forjó las instituciones de Estados Unidos de Norteamérica.

Qué distinto sería el mundo si el diálogo y las discusiones sobre filosofía política fuesen como lo que uno encuentra en la larga introducción escrita por el expresidente de Brasil, Fernando Henrique Cardoso. Esta introducción tan constructiva y contraria a mis expectativas me pareció tan buena que confieso que le pregunté a Ignacio de Posadas si realmente fue escrita por el expresidente de Brasil.

Así como a lo largo de este pequeño manual presenta valiosos puntos para cambiar esta situación, también analiza las fallas y los fracasos de distintos tipos de intervencionismo económico, desde el comunismo hasta el intervencionismo de inspiración keynesiana. También analiza a los enemigos más radicales de la filosofía y la práctica de la libertad. Hacia el final de su libro le dice al lector: "Espero que, al haber llegado hasta aquí, reconozcamos que a los incendiarios no les ha ido nada bien, al punto de concentrarse en el lanzallamas, sin herramientas para construir".

Hoy, por primera vez en muestras vidas, tanto Ignacio de Posadas como yo, estamos siendo testigos y siguiendo de cerca, a un lanzallamas de nuestro lado. Posadas comenzó su libro escribiendo que en Uruguay "ser liberal es un quemo". Que en España podría entenderse como que ser liberal es algo "cutre" o que no está "de moda". Creo que si quizás tenemos perspectivas distintas que colorean nuestro análisis, ambos compartimos una posición liberal similar y el mismo deseo que este intento en su país vecino de implementar una política económica liberal no termine quemando un futuro liberal.

Alex Chafuen

PREFACIO

Aprender con la lectura[1]

El libro de Ignacio de Posadas es sorprendente. Lo es por varias razones: primero, porque defiende de manera abierta el liberalismo, cosa que en la Latinoamérica de hoy día pocos lo hacen; segundo, porque es el libro de un erudito en la materia; tercero, porque siendo erudito, el autor escribe de modo comprensible y no deja de mostrar las dificultades de los argumentos liberales; y finalmente, porque utiliza su conceptual teórico-doctrinario para entender la situación concreta de su país, el Uruguay.

¿Cuáles son los puntos centrales de su argumentación para defender el liberalismo?

Partiendo de Locke, por lo tanto, del liberalismo clásico, enfatiza que el derecho a la vida, a la libertad y a la propiedad constituyen un derecho de todos. Son derechos naturales. Hay un orden natural en el universo cuyas reglas los hombres develan por intermedio de la razón. Locke no presupone un estado inicial de anarquía (como Hobbes), al cual se impondría un estado para evitar el *homo homini lupus*, pero sí un estado de libertad. A estos derechos naturales, universales, les corresponden obligaciones.

El consentimiento de los seres humanos los lleva a gozar de estos derechos y al mismo tiempo los obliga a respetar el derecho de los demás. La obediencia a estos derechos

---

[1] Traducción del portugués: Lic. Michele Rufino Both.

17

es consentida y deriva del acceso que la razón humana tiene al orden natural. Se supone que los hombres son seres sociales, de ahí la noción de contrato, que permitiría la convivencia en libertad.

Para Locke, si el Derecho Natural emerge de la Ley Natural, obra divina, es en la sociedad civil que se desarrollan las interacciones entre los seres humanos, incluso los contratos, que obligan unos a los otros. Contratos abarcadores, de los cuales, al contrario de lo que suponía Hobbes, ni el Soberano escapa: no existe fuerza mayor, ni *homo homini lupus*, que justifique excepción a las reglas naturales, ni a lo estipulado por el contrato. Fundamentalmente, entre los derechos naturales están el derecho a la vida, a la libertad y a la propiedad. La efectividad de tales derechos, que son sustantivos, depende sin embargo, de un "derecho generador" que los vuelva efectivos: el de juzgar y castigar cuando los derechos naturales de unos sean violados por otros.

Al comenzar por Locke, nuestro autor hace una síntesis de la evolución del pensamiento liberal y de las diferencias entre varias corrientes. Muestra los desdoblamientos de este tipo de pensamiento en Johan Stuart Mills y en Adam Smith, que elaboraron los fundamentos de los liberalismos modernos, pero no se detiene en ellos. Muestra sus variantes continentales, con el liberalismo francés de Condorcet y de los "philosophes", sin olvidarse de Montesquieu. Y principalmente, se desdobla en el análisis de la continuidad de los "padres fundadores", los autores de los *Federalist Papers*, proponentes de una visión innovadora.

Para los creadores de la Constitución americana lo ideal sería un "gobierno de las leyes" y no de los hombres. Siendo demócratas, habría que consultar al pueblo, pero siendo realistas, sería necesario encontrar siempre un "punto de equilibrio". Para asegurar un sistema de libertad, el fundamento efectivo debería ser la propiedad, no el demos. No teniendo una creencia ingenua en la bondad de los hombres, un grano de escepticismo sería mejor que la confianza ciega en la sustentación de los derechos por la aclamación de las masas. De ahí que la idea de representación tuviera más relación con los propósitos de los fundadores de la República americana que a simple consulta a todos y menos todavía que la presión de las mayorías. "La mentalidad de las gentes" debe ser consultada; nada de arbitrio es acogido en el pensamiento americano, pero un realismo escéptico aconsejaría la búsqueda de un "gobierno equilibrado", más conforme a las leyes naturales, un gobierno construido "sobre los principios simples de la naturaleza" (John Adams).

Así fuese el pensamiento de los Padres Fundadores más radical, como en Jefferson, más moderado, como en Madison, o más conservador, como en Hamilton, contendría siempre una concepción jurídica básica del sistema de gobierno, asentada en una visión filosófica y antropológica: en una concepción del ser humano. Sabían los Fundadores que el hombre es imperfecto y limitado. El pensamiento de los que crearon la democracia americana no solamente poseía bases filosóficas e incluso teológicas, si no que ellas se mezclaban con dosis de realismo y de "sentido común". A diferencia del predominio de la visión ateísta y librepensadora en Francia, los teóricos americanos no se distinguían por este tipo de pasión. Antes se animaban para encontrar mecanismos constitucionales que obligasen a los diversos intereses a ser balanceados para que se controlaran mutuamente (agregándole a Locke pizcas de Montesquieu, digo yo).

Acompañados de los desdoblamientos económicos del liberalismo, Ignacio de Posadas hace una síntesis del pensamiento de Adam Smith. Lo defiende de haber sido partidario de intereses de una clase, o incluso de haber sido antagonista del capital o del trabajo, habiendo sido un defensor más "del consumidor". Sin dejarse arrastrar por las discusiones filosóficas sobre la naturaleza social del ser humano o de cómo esta fue siendo construida, Smith ya parte de que los hombres viven en comunidades y de que, en estas, existiendo la división social del trabajo, la búsqueda del interés de cada uno promueve mejor el "interés general" que la acción de los gobiernos: surge la famosa "mano invisible" del mercado. Adam Smith se coloca, así, como pilar de la libertad de producir, intercambiar y vender.

De ahí surge el apego a la idea de que los liberales proponen un "estado mínimo" y que el acto de gobernar, fuera del estricto ámbito en el cual es aceptado (seguridad, defensa, gestión de bienes públicos no lucrativos, administración de la justicia y manejo de la moneda), se vuelve antes un estorbo que un instrumento de las naciones, materia a que se dedica su libro más famoso. No obstante, menos que restringir gobiernos, su propósito era impedir monopolios y otros mecanismos, muy comunes en su época, que restringían la competencia en los mercados.

Frente a todo lo que ha sucedido en el siglo veinte, de la revolución bolchevique a las crisis, principalmente la de 1929, el pensamiento económico predominante tomó otros aspectos y el político también. Como epítome del pensamiento económico nuestro autor toma a Keynes y sus famosas teorías sobre la necesidad de acciones gubernamentales "anticíclicas" para reducir el costo de la demora de la retoma de las "condiciones naturales" para que el ciclo económico ascendente vuelva a operar automáticamente. Esta lentitud afecta a todos, pero especialmente a los desempleados por la recesión. A partir de Keynes, en buena parte del mundo occidental, se pasó a preconizar un "gobierno activo", excediendo por mucho lo prescripto por él mismo, que tenía como objetivo simplemente aumentar el gasto público en ocasiones de parálisis económica y rebasando muy lejos las franquicias dadas a los gobiernos en las cuestiones de distribución del producto económico por el propio Adam Smith.

Paralelamente a esta transformación hubo una "reacción ultraliberal", principalmente en lo que se refiere a las concepciones políticas. Sin entrar en pormenores, basta mencionar las teorías políticas de Hayek y de Von Mises, las cuales, especialmente en el caso del primero, insisten en que es imposible imaginar el devenir, y por consecuencia, la planificación no sería el mejor instrumento de orientación económico-social. Abandonando las premisas teleológicas y metafísicas de Locke y otros jusnaturalistas, Hayek reafirma lo postulado de que el conocimiento humano es relativo, no cabe, pues, imponerlo a otro. La libertad es valor esencial, pero no hay cómo conocer de modo absoluto el Bien, que se va construyendo históricamente.

Se opone Hayek, por lo tanto, a las concepciones racionalistas, de tipo cartesiano, que creen posible derivar el conocimiento de la pura razón, algo que sería anterior e independiente a la experiencia del ser humano. Defiende que la razón humana crece y se desarrolla dentro de marcos históricos, en un proceso acumulativo. De ahí que la historia, mejor dicho, la tradición, cuente para Hayek. La Razón, aunque sea lo que de más precioso el hombre posea no es todopoderosa *ex-ante*; evoluciona en el tiempo. Fue de esa forma que las instituciones de la libertad y su ejercicio práctico se fueron consolidando.

Aun apoyado en Hayek, nuestro autor pasa a enfrentar otro gran desafío puesto por el mundo contemporáneo: ¿cómo conciliar libertad e igualdad? Para Hayek es preciso diferenciar la "igualdad ante la ley" de la "igualdad material". La lucha mayor de la libertad es para obtener la igualdad ante la ley, tanto en las normas del Estado como en las relaciones voluntarias entre los hombres. Es esta igualdad de normas y de modos de comportamiento la que puede conducir a la libertad. Esta, en sí, puede desigualar; y si no hay la posibilidad de que la libertad individual lleve a formas de vivir más exitosas que otras, desigualando, buena parte de los argumentos favorables a la libertad desaparecería, piensa dicho autor.

En el contexto, la democracia sería el mejor método para alcanzar ciertos fines, pero en sí mismo no indica cuál debe ser la finalidad de los gobiernos. Una sociedad es libre cuando sus miembros se dan principios comunes y los expresan en leyes que son limitadas por la propia mayoría. No será "democráticamente" por la formación de mayorías ocasionales que la libertad se asegura, sino por la obediencia a los principios básicos comunes a los formadores de las asociaciones a las que los hombres se unen conscientemente.

Bastan estos ejemplos para mostrar cómo y sobre qué este libro trata, y para verse su alcance. Y los análisis son más precisos y amplios de lo que mostré en los ejemplos dados. Después de aclarar la envergadura del pensamiento liberal, en sus variados matices, es que Ignacio de Posadas, en la parte final, analiza cómo se construyó en Uruguay, el "espíritu de la libertad" y cómo fue siendo deshecho por la narrativa política de las "izquierdas", que pasaron a mirar hacia todo lo que era liberal como si fuera idéntico a lo que le llama "neoliberalismo". Este, aunque hubiera aparecido como una forma de reacción al keynesianismo, tuvo sin embargo su expresión más influyente en un ámbito más restricto. En la pluma de Milton Friedman y en la escuela de Chicago se limitó a ser un instrumento de la política monetaria: para obtenerse una tasa estable de inflación y para dar continuidad al crecimiento económico había que controlar la expansión monetaria. Nada más significativo en el campo filosófico o antropológico fue dicho; el "neoliberalismo" ni siquiera contiene una teoría sobre el Estado y la justicia social.

Ahora bien, el liberalismo moderno ha evolucionado hacia concepciones más amplias. En la pluma de John Rawls continúa habiendo una ligación esencial entre libertad y propiedad privada para asegurar la realización del ser humano. De diferente modo a lo que piensan los "libertarios", que consideran el Estado innecesario, y quizás incluso a diferencia de los liberales clásicos, los liberales modernos creen que la acción gubernamental es un instrumento que, usado con cautela puede servir para la consecución de buenas finalidades. Además, introducen la noción de Justicia. Para Rawls las desigualdades en la acción de las personas y de los gobiernos solo se justifican si son a favor de los desheredados, para mejorar su situación desventajosa. Para este autor, el liberalismo no se opone a la noción de un "welfare state" liberal, pues en su teoría conviven dos derechos, el de la libertad extendiéndose a todos y el de la mejora de la situación social de los menos favorecidos.

¿Cómo sustentar delante de eso la crítica de los que califican todas las formas actuales del liberalismo como "neoliberales", con el implícito significado negativo de que por ser liberales son ipso facto defensores de las minorías propietarias y contra "el pueblo"?

Voy a evitarle al lector tener que resumir críticas más sofisticadas al liberalismo y pido que él disfrute directamente de lo expuesto por Ignacio de Posadas sobre su contenido y sus limitaciones. En especial, las partes relativas a Alasdair Macintyre y a las críticas de John Gray son importantes para que se perciba el intento intelectual del autor al reivindicar las bases morales necesarias para fundamentar las posiciones liberales. Quizás la transformación esencial en este procedimiento sea el momento en el cual Posadas dice:

> Creo que hay mucho de cierto en estas posturas críticas al liberalismo. Hay ciertos fenómenos filosóficos que explican el desvío operado en el liberalismo que lo llevó a desembocar en posiciones individualistas y en algunas cosas, hasta egoístas, del ser humano (…)
>
> [Se produjo] la pérdida del *telos*, lo que da sentido a la vida del hombre.

Para Posadas este desvío empezó al abandonarse la "causa final" del pensamiento aristotélico-tomista, con lo que hubo una mutación en la concepción del derecho natural, dejando al margen la correlación entre derechos y deberes para concentrar el énfasis en los derechos individuales. El *telos* deja de ser el Bien Común para convertirse en el individuo y en sus derechos. Se abre, así, un enorme flanco a las críticas.

Deriva de estas constataciones que sea necesario volver a la búsqueda de la Virtud, como cualidad que dé significado al liberalismo. Se trata, por lo tanto, de buscar los fundamentos político-morales para la acción humana. Sin ellos, ¿cómo dar sentido a un régimen político que procure establecer la igualdad y proteger la libertad, principios cuya permanente tensión requiere una organización política que equilibre las diferencias y que al hacerlo no caiga en la relatividad de los sistemas y culturas? El tema, espinoso, es analizado en diferentes vertientes. Por detrás, siempre presentes, la discusión de las ideas sobre Dios y la Naturaleza, y en el entremedio, la Razón, en la búsqueda de un sistema que sea racional, coherente, antropológicamente apto y aceptable. ¡Tarea de gigante!

Posadas diseña en el capítulo titulado En la búsqueda de un liberalismo contemporáneo, el itinerario de su caminata. En él, las características señaladas por algunos de los autores americanos del liberalismo vuelven a destacarse: hay que tener humilde prudencia en la procura ontológica, sin el objetivo de una epistemología completa y acabada. En esta búsqueda, mantenidas las características de humildad y con cierta tolerancia, no obstante, no se debe hacer una acomodación con el relativismo y sí se debe reafirmar el concepto básico de la libertad: como nadie posee un conocimiento absoluto, nadie debe disponer de poder absoluto sobre los demás. Por otro lado, la "ley natural" no se deduce especulativamente de la "naturaleza humana". Como un conocimiento práctico, las leyes están marcadas e influenciadas por las circunstancias históricas de las conductas humanas. La ley natural no es una "creación de la razón". Ella se descubre y va revelándose en el tiempo por medio de la razón, que es un atributo de la persona humana, la cual, sin embargo, vive en un orden dado.

Para acortar un largo camino, cito un párrafo revelador:

> Mi respuesta sigue las posiciones modernas que rescatan el concepto del Derecho Natural, en una visión muy próxima a la de Santo Tomás. No existe una estructura del hombre y del universo igual en todos los lados y en todos los tiem-

pos. El Derecho Natural no es un compendio completo y detallado de tablas de la ley escritas en granito. Es algo menos "fácil", pero no por ello inexistente. Parte de la premisa que existe una inclinación obvia en el ser humano a la búsqueda de certezas morales. Ese tiene que ser el punto de partida. No el escepticismo, o el voluntarismo, sea libre ("lo que te parezca"), sea dogmático ("lo que me parece"). No debemos ser pasivos, aceptando el vacío, para pasar así al ejercicio voluntarista del poder. Y esto, en aras de algunos parámetros básicos, no de descubrir códigos enteros, con pelos y señales, sobre el obrar del hombre, en todos los casos y en todos los tiempos.

A esta tarea difícil y fundamental es que el libro se dedica. Reafirma que para alcanzar normas generales y obligatorias de conducta no es en el ejercicio de la voluntad que nos debemos apoyar, sino en el de la razón; que es en los derechos y en su jerarquización que podemos encontrar los fundamentos racionales del orden natural; que los derechos no pueden ser simples anhelos subjetivos, sino algo que la persona tenga tanta libertad de disfrutar que los demás respeten esta libertad; que estos derechos, si establecidos por la ley, deben serlo por razones de interés general. Todo esto naturalmente sometido a una visión antropológica que ve en el hombre un ser moral en el cual la libertad es característica esencial. Pero aun, delante de la evolución contemporánea del liberalismo, la cuestión de la igualdad precisa ser atendida, en un juego de equilibrio con la de la propiedad y de la libertad, necesaria para la creatividad humana.

Es preciso tener coraje moral para afrontar los desafíos propuestos, conocimiento intelectual para en ellos no perderse, y coherencia de raciocinio para obtener el éxito. Pues bien, aunque podamos discrepar en algunas premisas, no hay cómo negar que el procedimiento intelectual seguido por Posadas ha sido consecuente. Como resultado, cuando su atención se centra en las circunstancias de su país y en los críticos locales al liberalismo, la disparidad entre los contendientes es tan grande que ni compensa la reproducción de debates. Estos críticos, dice Posadas, terminan por defender los "derechos humanos" o a su propia Constitución, sin percibir, que en el centro del argumento liberal existe una concepción moral del ser humano y que ellos, los críticos, adhieren parcial o inconscientemente a los mismos argumentos. Pero, para contrastar con los demás vuelven a la fuerza a los liberales en "neoliberales", como si se adhirieran de manera irrestricta a lo que manda el mercado, con desprecio por lo "social".

Un comentario final: las circunstancias uruguayas, por más que sean diferentes en sus casuismos y en sus personajes de lo que ocurre en el resto de Latinoamérica, en lo fundamental son de la misma naturaleza. Por lo tanto, para entender nuestro tiempo la lectura de este *Al rescate de un liberalismo perdido* vale como un aviso bien fundamentado. Que aprendamos con él y escapemos de los simplismos de los críticos del liberalismo que rellenan nuestros debates. Este, en general, no se puede decir que se da alrededor de ramas de filosofía política. Frecuentemente no van más allá de la defensa inconsecuente de meras ideologías para justificar posiciones políticas tomadas de antemano.

Fernando Henrique Cardoso
Universidad de San Pablo

I.
INTRODUCCIÓN.
SER LIBERAL ES UN QUEMO

1. ¿Qué político con ambiciones de llegar alto piensa en que lo ayudará a ganar adeptos si se proclama públicamente como un liberal? Difícil que ocurra en nuestro país. Por el contrario, mientras que quienes se autodefinen como izquierdistas (o como "socialdemócratas", que suena más elevado y menos *popu*), son legión.

Toda sociedad vive en función de una cultura, o de varias subculturas, que conviven, no siempre de forma armónica o pacífica. Cultura no en el sentido con el que llamamos culto a una persona, sino en la acepción técnica, de un conjunto de ideas, valores, sentimientos (afectos y desafectos, temores, añoranzas), que se va formando por aluvión, a lo largo de muchos años, y que cambia con igual parsimonia.

Está claro que en nuestra sociedad predomina (y probablemente sea, a la vez, mayoritaria) una cultura con fuerte contenido nostálgico, que se remonta en algunos de sus hilos a las corrientes librepensadoras, anticlericales, de fines del siglo XVIII, tejiéndose luego dentro del pensamiento batllista (del llamado Primer Batllismo), para ser finalmente captadas por la izquierda. No por aquella "Primera Izquier-

29

da", de profundas raíces ideológicas, muy estructurada, muy internacional, muy rígida y muy combativa. Sino por la que mutó con la caída del Muro de Berlín.

Fuimos muchos los que nos equivocamos con ese fenómeno, tan único en la historia de la humanidad: nunca antes había implosionado un régimen institucional, que detentaba prácticamente la totalidad del poder, sin que hubiera ocurrido un descalabro de origen externo. El régimen soviético y sus parientes cercanos del llamado Socialismo Real, no sucumbieron a causa de una guerra, como el nazismo, ni por invasiones bárbaras, como Roma: implosionaron por fallas inherentes, fundamentalmente por haber errado en comprender el cerno antropológico del hombre.

Y así, muchos creímos que en ese estrepitoso fracaso sonaba la campana final para la ideología que lo inventó, encarnó y llevó a la destrucción: el socialismo.

Grave error. Irónicamente, la caída del muro fue un alivio para buena parte de la izquierda mundial: se sacaron la mochila de Stalin, Lenin y Marx (a quién nunca habían leído mucho, ni entendido) y pudieron abrazar libremente visiones "buenas" y "virtuosas", del voluntarismo. No tendrían más el problema de asustar a los demás con la dictadura del proletariado y la expropiación de los medios de producción. Ahora podían estar a favor del bien y en contra del mal. Continuar con el voluntarismo y la soberbia rousseauniana de estar habilitados para imponer conductas por la certeza de encarnar, (los únicos), la voluntad general, pero mucho más en clave de derechos, y de distribuir, abundantemente, a todos los proclamados como sus titulares.

Con esa convicción de certeza y bondad, la descalificación para el "otro" cambió: ya no será el burgués, sino el "neoliberal".

La izquierda uruguaya ganó la batalla por el discurso y la cultura política (con tanto éxito que ha pasado a rescribir pasajes claves de nuestra historia reciente), y ha afianzado la magia negativa de un mote: el neoliberalismo.

Como ocurre en estos casos, no es necesario ser muy específico y preciso: neoliberal es todo aquél que no entiende, no acompaña o aun amenaza, la gran visión planificadora de la distribución de recursos y privilegios a quienes son previamente consagrados como detentadores de derechos, (y son legión).

Todo aquel que quiera preservar la libertad cuando la misma debe, obviamente, someterse a la voluntad general, o llamar la atención sobre las limitaciones, filosóficas y prácticas, que deben tener las agendas distribucionistas (de recursos ajenos) es un egoísta, un materialista, un rico…. Un neoliberal.

Y en esa bolsa se perdió el liberalismo.

Ya el tener que decir que no se sabe qué cosa sea un neoliberal y que, en todo caso, sí se sabe qué es un liberal y que no debe mezclarse esto, real, con aquello, mítico, es tener perdida la discusión. Por aquello de que quien se ve obligado a explicar, pierde. Ya perdió.

2. No deja de tener cierta ironía el hecho de que, mientras atacaba tan exitosamente al liberalismo, la izquierda, en casi todo el mundo, procedía a robarle, de callada pero al firme, algunas de sus banderas.

Así, un día y otro también, oímos a prominentes figuras de la izquierda explicar, con sus mejores aires docentes, que se deben respetar los equilibrios macroeconómicos, que la inflación es mala cosa y que la economía debe basarse en la producción. No hace tantos años que esas afirmaciones en boca de otros habrían gatillado las típicas críticas de gobernar para los números y no para la gente, privilegiar lo financiero… etc.

También aquí la caída del Muro favorecería a la izquierda, permitiéndole ablandar el discurso y aun tomar medidas liberales (como la apertura comercial, el uso de sociedades anónimas para actividades estatales y el recurso a la inversión privada para financiar obra pública), lo más a la callada posible, pero con firme determinación.

Esta suerte de ataque en pinza, tiene a la vez una base bastante sólida en esa cultura uruguaya que no gusta de grandes cambios, ni de grandes diferencias, ni de grandes extremos, y sirve para debilitar o, al menos, acobardar a quienes consideran necesario o conveniente mayores dosis de liberalismo.

Así, es notorio que quienes compiten políticamente con esta izquierda Fénix, nacida de los escombros del Muro, temen ser demasiado explícitos, lo que puede acarrearles la condena del mote Neoliberal.

3. Pero este cocido político tiene aún otro ingrediente.

La puntería del ataque con el arma del neoliberalismo y el avance de las izquierdas hacia un mayor realismo, no han sido una fórmula mágica que evitara todos los fracasos del voluntarismo, ni el empantanamiento de una cultura conservadora.

Persisten problemas, algunos viejos apenas disfrazados con nuevos ropajes, otros nuevos, que afectan el funcionamiento de la sociedad, tanto económico como social, alcanzando incluso a erosionar pilares básicos de la institucionalidad democrática.

Mencionaré apenas algunos. Una concepción funcional del Estado de Derecho, hija de la distinción marxista entre derecho formal y derecho material, que lleva a tratar la función gubernamental y aun la legislativa como algo subordinado a resultados (buenos o malos). La famosa sentencia de que "lo político está por encima de lo jurídico".

A lo anterior se suma una marcada debilidad en materia técnica y en capacidad de gestión, lo que lleva a gruesos errores, tanto en la aplicación como en la creación de normas, con las obvias consecuencias en materia de respeto por ciertos derechos (libertad, propiedad, intimidad...) y a injusticias.

Nuestro país no se ha lanzado desenfrenadamente por este camino, fiel a sus reticencias culturales, pero son visibles en el mundo los casos extremos de populismos con visos de omnipotencia.

También en el campo económico hay evidencias de fallas, fruto del voluntarismo *rousseaniano* de la izquierda, persuadida de ser el único intérprete auténtico de la voluntad popular.

El ejemplo más potente está en el distribucionismo practicado en el Uruguay por los gobiernos frenteamplistas, con la mirada puesta firme y primordialmente sobre el ideal de la igualdad material, enemiga del éxito y la excelencia. Esta ideología no sólo ha llevado al país a descolocarse de la realidad, sino que lo aproxima a situaciones insostenibles a poco que cambien negativamente algunos factores externos.

En este panorama, de un Estado de Derecho erosionado, un gobierno con márgenes reducidos de poder y de maniobra y un sistema político sin ideas fuerza, ocupa el centro del escenario el corporativismo sindical, otrora prohijado y alentado por toda la izquierda y hoy sufrido por la parte de aquella que debe encarar las restricciones reales del gobierno.

4. Estos y otros problemas, cuyas dimensiones crecen y anuncian la necesidad de encares más frontales, justifican preguntarse si no valdrá la pena repensar y reanalizar los contenidos del liberalismo, para ver si guardan o no relación con una serie de componentes de la realidad, hoy confundidos, desdibujados o directamente olvidados.

El temor del espectro político no frentista a ser tildado de neoliberal y la relativa pasividad de buena parte de la sociedad civil ante la pérdida de ciertos valores, hace imperativo reflotar la consideración de teorías y principios diferentes.

Para nada nuevos, pero sí descuidados.

II.
LIBERALISMO: DE QUÉ ESTAMOS HABLANDO

A) El primer paso para poder decidir si vale la pena, frente a la realidad de hoy, volver a darle una vichada al liberalismo, es ponernos de acuerdo acerca de qué es eso.

Porque en realidad no hay UN liberalismo. Para hablar con propiedad tenemos que referirnos a LOS liberalismos y, tratar de desbrozar el camino, para decantar de las diversas corrientes históricas liberales un conjunto de ideas que luego podamos analizar, evaluar y, en definitiva, decidir, si son o no válidas y útiles o no, para nuestra sociedad del siglo XXI.

Los distintos pensadores que se suelen agrupar bajo el título de liberales no compartieron un pensamiento único, más allá de similitudes en puntos centrales, como el valor del hombre y la esencialidad que tiene la libertad en ese valor. Más aún, en algunos aspectos, varios de esos pensadores se ubicaron en posiciones radicalmente distintas.

Locke creía en un Dios creador del universo según un designio racional y ordenado: un orden natural. Von Hayek, en cambio, se abstiene, expresamente, de fundar sus tesis sobre esa base, si bien termina postulando en la esencia de los derechos algo que sólo puede denominarse Derecho Natural, aunque evite nombrarlo.

Los liberales franceses fueron frontalmente anticlericales, cuando no directamente anti Iglesia. No así los británicos, aunque muchos fueron anti Iglesia Católica.

Si bien puede decirse que el liberalismo nace como reacción a las guerras de religión, en la búsqueda de bases filosóficas para la conducta del hombre que pudieran ser aceptables para todos y libres de las disputas religiosas, no todos los liberales se apoyaron sobre los mismos pilares. En el pensamiento anglosajón, la razón fue el principal soporte, mientras que los liberales franceses llevaron su entusiasmo hasta apoyarse en la voluntad y la iluminación de la mente humana.

En materia política, los liberales franceses tenían un fuerte atractivo por la democracia en sus aspectos formales y como herramienta de igualdad, mientras que, por ejemplo, para Burke debían respetarse las instituciones fruto del devenir histórico de las sociedades, y, por su parte, los liberales americanos, padres fundadores, tuvieron buen cuidado en no dejarse llevar por el entusiasmo de sus aliados revolucionarios, construyendo un sistema que no tuviera el peligro de caer en excesos democráticos y preservara el derecho de propiedad (sin el cual, siguiendo a Locke, consideraban imposible la libertad y el desarrollo pleno del ser humano).

Bentham y Mill padre fueron defensores de la libertad, pero dentro del marco del utilitarismo, con una concepción bastante mecánica del hombre. John Stuart Mill se apartó del utilitarismo y consagró su obra principal a la libertad, pero introdujo la tesis de que si bien el mercado era el mejor sistema para producir, la distribución de lo producido debía regirse por otras normas. Tesis que el laborismo británico abrazó, pero que liberales como Von

Hayek criticaron duramente, sosteniendo que el liberalismo no es fraccionable.

En sus orígenes, el liberalismo fue mucho más filosófico y político que económico. Reacciona contra los absolutismos de raíz religiosa, preconizando la tolerancia y procurando descubrir bases filosóficas, racionales, sobre las cuales fundar la protección de los derechos básicos de la época: vida, libertad y propiedad, y de esa manera establecer los mecanismos para el funcionamiento político de la sociedad.

Locke, quizás el primero de los pensadores liberales, es un buen ejemplo de esta escuela.

B. RÁPIDA RESEÑA HISTÓRICA

1. Locke: Prolegómenos del Liberalismo

Arranquemos con John Locke (1692-1704), aceptado comúnmente como uno de los primeros liberales.

Quien aborde los escritos políticos de Locke conociendo su fama (en vida y después), probablemente se sorprenda al constatar que no son de una originalidad o profundidad excepcionales. La magnitud del impacto que Locke tuvo, en el mundo de las ideas y fuera de él, en el de las realidades políticas, se debe probablemente a que sus ideas, no siempre rigurosas en su lógica, cayeron en el momento justo.

Los tiempos de Locke fueron de cambios en Inglaterra, tan turbulentos como trascendentes. Un cóctel, a veces sangriento, de sentimientos religiosos, ideas políticas, intereses y poder. Guerras civiles, ejecución del rey, dictadura de Cromwell, hasta la llamada Glorious Revolution de 1688. Médico y filósofo, Locke vive exilado, por su filiación

Whig, en lucha con los "tories", y retorna a Inglaterra con la revolución triunfante y la nueva monarquía –liberal– de Guillermo de Orange. Su obra política, los *Tratados sobre el Gobierno Civil*, está centrada en refutar las tesis del poder absoluto de los reyes (Filmer) y en sustituir los fundamentos filosóficos y políticos del gobierno (del poder) por la teoría del contrato.

La obra de mayor fuerza política y filosófica en la época era *Patriarcha or the Natural Power of Kings* (1680), en la que su autor, Filmer, sistematizaba la tesis del derecho divino de la monarquía. Tesis que puede hoy parecernos trasnochada, pero que en la época tenía la doble fuerza de ser directamente clara y bastante novedosa. Recordemos que, en todo el largo período del medioevo, si bien la influencia religiosa era muy marcada y la monarquía obviamente existía, las relaciones de poder eran mucho más descentralizadas, menos elaboradas en cuanto a teorías y más próximas y contractuales (señor feudal-vasallo, con un rey o príncipe muy lejano y pésimas vías de comunicación).

Pero, sobre todo, la teoría divulgada por Filmer, era muy simple y muy peligrosa de cuestionar, secreto de toda ideología exitosa. Dios hizo el Universo; este funciona con un orden maravilloso, desde las reglas de la naturaleza hasta las de la sociedad; maravilla que sólo puede venir del Creador. Entonces, si en ese orden hay una autoridad, esa autoridad debe venir de Dios. La monarquía tiene, como en su esencia, algo de divino. No deja de exhibir una secuencia, si no lógica, al menos encadenada, a lo cual se sumaría indudablemente, el hecho de que discutir eso sin rozar la herejía o la blasfemia (o poderosos intereses) no sería cosa fácil.

Por otra parte, como lo señala J.S. Mc Clelland:

La teoría del Derecho Divino no carecía de ciertas sutilezas propias. Obviamente, había un cierto paralelismo entre la forma en que Dios gobernaba el universo y aquélla en la que se esperaba que un buen rey gobernara a su pueblo. La imagen de Dios Padre rigiendo un universo lleno de sus hijos recalcitrantes era transportada a la imagen del rey como padre de su pueblo... Claro está que no todos los reyes, al igual que no todos los padres, cumplen con sus responsabilidades igualmente bien, pero los reyes no eran menos reyes si fallaban en sus deberes, de igual manera que los padres naturales no dejan de ser tales cuando fallan en los suyos. Un mal rey seguía siendo rey.

Si era la intención de Dios que los reyes gobernaran por Derecho Divino, entonces Él estaba obligado de haberlo mencionado en algún lado. El Antiguo Testamento, conteniendo... un racconto de los comienzos del mundo... era el lugar... donde encontrar los orígenes del Derecho Divino y ahí fueron efectivamente encontrados. Dios debía haberle entregado el mundo a Adán y a sus sucesores, para que lo gobernaran eternamente. Adán fue el primer rey, gobernando por elección de Dios. En consecuencia, resistirse a su posterioridad equivale a resistirse a Dios ...

El Primer Tratado del Gobierno Civil de Locke desarrolla el argumento del Derecho Divino a partir de la Sagrada Escritura. Locke señala, bastante razonablemente, que el Génesis no dice que Dios le dio el mundo a Adán para que lo gobierne. Adán jamás es mencionado como rey. Locke luego avanza razonando: concedamos que Adán efectivamente era rey por designio de Dios −para lo cual no existe evidencia bíblica−. Eso nos deja con el incómodo hecho de que el Génesis no hace mención alguna a los derechos reales de los hijos de Adán. Simplemente no hay (en el

Génesis) referencia alguna al derecho sucesorio. Locke avanza entonces diciendo: supongamos que concedemos tanto el título regio de Adán como el de sus hijos, (para ninguno de los cuales hay pruebas bíblicas), ¿cómo ayuda eso a los reyes ahora para que establezcan sus títulos como de Derecho Divino? A pesar de la preocupación bíblica con la genealogía, la línea de la posteridad de Adán se ha enredado de una forma desesperanzadora. ¿Cómo puede cualquier rey actual seriamente sostener que está directamente en la línea sucesoria de Adán?

Esto coloca a Locke en un cierto aprieto. Despacha exitosamente a sus adversarios, pero queda con la obligación de ofrecer un argumento para llenar el vacío que él mismo crea con su éxito.

> ... si el don de Dios no es la base del gobierno legítimo, ¿entonces cuál es? La respuesta de Locke, como la de Hobbes, es el libre consentimiento de los gobernados y esa es la posición argumentada en el *Segundo Tratado* (J.S.McClelland, *A History of Western Political Thought*, pp. 231 ss).

En el esquema de la teoría contractualista, Locke sostiene en el *Segundo Tratado* que todo el mundo, el soberano incluido, está obligado por el contrato; está obligado a obedecer la ley. Con esto Locke busca refutar la tesis de Hobbes, de que el soberano no puede ser parte del contrato, estando por encima de él y, en consecuencia, de la ley. Locke quiere limitar los poderes del gobierno. Su sentido común lo lleva a rechazar la tesis de que alguien esté fuera de la Sociedad Civil. El punto es que eso lo obliga a postular otra explicación, opuesta esencialmente a Filmer, pero también distanciada de Hobbes.

La herramienta intelectual es el Contrato. Al igual que Hobbes, Locke postula un "estado natural" o de la Naturaleza y, a partir de allí, busca demostrar, razonando cómo los hombres salieron de ese Estado, y los principios de lo que, en el proceso, acordaron.

El divorcio con Hobbes arranca desde los inicios: el Estado Natural de Locke no es el de Hobbes; es un estado de libertad regido por la Ley Natural, bajo la cual se respeta el Derecho Natural de los demás.

Para Locke, el Derecho Natural emerge de la Ley Natural, obra esta de Dios como parte de su plan creador.

Así, el hombre tiene, desde Adán y a pesar de su pecado, el derecho a trabajar la tierra dada por Dios, a extraer de ella su sustento y a criar en ella a su descendencia.

De este trampolín, basado en la Escritura, Locke elabora una teoría, bastante sofisticada, de los derechos naturales, y en particular del Derecho Natural de Propiedad. Como toda ley, la Ley de Dios (tanto aquella revelada –caso los Diez Mandamientos– como aquella otra descubierta en el orden de las cosas por la recta razón), implica la contracara de derechos, Derechos Naturales. Estos, a su vez, Locke cree son de tres clases sustanciales: los que hacen a la vida, a la libertad y a la propiedad.

Dios quiere que vivamos por Su voluntad y no la de otro; por consiguiente, nadie salvo Él tiene el derecho de quitarnos esa vida. Dios me ordena trabajar para nutrirme, por tanto, nadie puede privarme de la libertad de trabajo y Dios debe, por lo anterior, querer que lo que extraigo de la tierra para mi sustento sea mío, de donde se sigue que la tierra que trabajo o poseo es también mía, mi propiedad.

Todo esto el hombre puede percibirlo usando para ello su "razón natural", asistida por la Sagrada Escritura. Pero no debe detenerse allí su intelección: la razón natural le dice más al hombre. Le dice, en primer lugar, que todos los otros hombres tienen esos mismo Derechos Naturales. De la misma manera que se infieren los Derechos a partir de la percepción de la Ley de Dios, todo derecho implica necesariamente la contracara de una obligación. El ser humano racional es capaz de percibir y deducir todo esto en el Estado de Naturaleza y darse cuenta de que su reclamo de reconocimiento y respeto por sus derechos, es uno con su obligación de reconocer y respetar esos mismos derechos en los demás seres humanos. Esto es lo que hace que para Locke –a diferencia de Hobbes– el Estado de Naturaleza sea social. Y, avanzando un paso más, si todos reconocen que los Derechos Naturales son universales (o no son), entonces se sigue que los hombres pueden vivir en conjunto sin gobierno (en lo que Locke llama un Estado de Naturaleza en libertad, pero no licencioso). No hay como con Hobbes la disyuntiva: gobierno o caos. ¿Significa esto que Locke preconiza una suerte de anarquismo, vivir sin gobierno? No. El Estado de Naturaleza es posible conceptualmente y no tiene por qué ser caótico requiriendo la designación o aceptación de un déspota, pero es imperfecto, como que lo integran hombres pecadores. De allí que sucedan violaciones a los derechos naturales, de donde, a su vez, se sigue que los hombres tienen otro Derecho Natural: el derecho de juzgar (y castigar) cuando sus Derechos Naturales hayan sido violados por otros. Esto no es, como los anteriores, un derecho sustantivo, sino lo que Locke llama un derecho "generador"; sin él los otros carecen de valor práctico. Con él, el paquete de Derechos Naturales está completo.

Con toda esta elaboración filosófica, Locke está enmarcando una concepción del gobierno muy particular y muy diferente a la preconizada por Hobbes o, más contemporánea, a la defensa de la monarquía absoluta hecha por Filmer.

Locke nos está diciendo que el hombre no tiene por qué, ni debe, considerar al gobierno con sentimientos exagerados de agradecimiento (y por tanto de sumisión). No es que, sin gobierno, sea imposible la convivencia y que, en consecuencia, debamos preferir cualquier gobierno, aun el peor, antes que el caos. Porque el hombre es capaz de volver a aquel Estado de Naturaleza, para nada caótico, aunque imperfecto, y reconstruir luego su salida bajo otro gobierno, racionalmente.

Para Locke, los estados, a diferencia de las sociedades, no son parte del orden natural de las cosas. Las sociedades (por lo que Locke entiende sistemas económicos y sociales), surgen espontáneamente, naturalmente, pero los estados no así. A diferencia de la sociedad, el estado no es originado en Dios, dado por Él.

De todo lo cual se sigue, necesariamente, que los seres humanos, racionales como son, pueden perfectamente deliberar acerca de qué tipos de estados quieren, con qué condiciones. Los estados son construcciones inventadas por el hombre, y como cualquier otra construcción, puede ser retocada, mejorada o, incluso, derrumbada y sustituida. No caprichosamente, claro está, pero la posibilidad existe.

A la vez, siendo el estado un mecanismo, está allí, existe —como todo mecanismo— para algo. Con alguna finalidad propia. Analizando de nuevo el Estado de Naturaleza, Locke deduce cuál es ese objetivo. El hombre en el Estado de Naturaleza tiene la (legítima) expectativa de gozar de sus derechos naturales. Cuando resuelve entrar (o constituir) la

43

Sociedad Civil, su finalidad es poder gozar de esos mismos derechos con más seguridad. El gobierno, pues, existe para proteger esos Derechos Naturales. Tal es su razón de ser y, por ende, debe limitarse a ella, a esa función protectora de los Derechos Naturales.

Avanza Locke un paso más y lógicamente concluye en que cualquier gobierno que amenace los Derechos Naturales de vida, libertad y propiedad es un gobierno que está renegando de su título de gobierno.

Siguiendo otra línea de razonamiento paralela, a partir de las mismas premisas, Locke dice: el Estado de Naturaleza, en el cual el hombre goza de los Derechos Naturales es, anterior al gobierno; para que este último se dé, el hombre debe aceptarlo. Pero el hombre goza de los Derechos porque Dios se los ha dado y Dios no se los dio en forma incondicional o ilimitada. Si Dios dio al hombre «permiso» para vivir y gozar de ciertos Derechos, se sigue que no le permite renunciarlos de cualquier manera. Hay límites naturales a lo que el hombre puede renunciar. Así, por ejemplo, el Derecho a la vida excluye el suicidio y el Derecho a la libertad excluye la esclavitud, aun consentida. Así también, y aquí desemboca todo el razonamiento de Locke, los Derechos a la libertad y a la propiedad excluyen la soberanía absoluta.

Lo que un hombre racional haría (o, visto desde otro ángulo, aquello que la razón descubre en el orden de las cosas), es usar su juicio en la entrega de ciertas facultades al gobierno, según el objetivo antes descripto. Obviamente que realiza ese acto racional por su libre voluntad. Ergo, se sigue que en la base de todo gobierno está el consentimiento del gobernado. El consentimiento es el «título» del gobierno. Lo que hoy llamamos su legitimidad.

Locke evidentemente considera que la sociedad es natural y el estado algo artificial. Aquella también lógica e históricamente anterior al Estado. De donde se sigue que la sociedad debe decir cómo será ese estado. Aquí, en esta concepción de la distinción entre estado y sociedad, está la cuna del Liberalismo.

El hombre, para Locke, no abandona el estado de Naturaleza en favor del Estado (artificial) para cambiar su naturaleza mala, como en Hobbes, sino para ser desarrollada.

2. Locke: ¿Fundador del liberalismo?

Los liberales siempre sintieron gran afinidad por Locke y es fácil descubrir por qué. Muchas de sus actitudes y muchos de sus argumentos encajan muy bien con lo que a comienzos del S. XIX se llamó liberalismo.

Sin embargo, no por ello sería exacto afirmar, como lo hacen algunos comentarios, que Locke sea el fundador de la corriente liberal (siglo y pico antes de que esta viera la luz).

Por otra parte, en la raíz de por lo menos una vertiente liberal —la inglesa— está el pensamiento o la teoría utilitaria (Bentham), doctrina frontalmente opuesta a la del Derecho natural que es básica en Locke.

Veamos: quizás el elemento más liberal en Locke es su concepción de la propiedad. La propiedad como Derecho Natural, inviolable excepto mediando el consentimiento de su titular.

Escuchemos al propio Locke:

Aunque la tierra y todas las criaturas inferiores sirvan en común a todos los hombres, no es menos cierto que cada hombre tiene la propiedad de su propia persona. Nadie, fuera de él mismo, tiene derecho alguno sobre ella. Podemos también afirmar que el esfuerzo de su cuerpo y la obra de sus manos son también auténticamente suyos. Por eso, siempre que alguien saca alguna cosa del estado en que la Naturaleza la produjo y la dejó, ha puesto en esa cosa algo de sus esfuerzos, le ha agregado algo que es propio suyo; y por ello la ha convertido en propiedad suya. Habiendo sido él quien la ha apartado de la condición común en que la Naturaleza colocó esa cosa, ha agregado a esta, mediante su esfuerzo, algo que excluye de ella el derecho común de los demás. Siendo pues, el trabajo o esfuerzo propiedad indiscutible del trabajador, nadie puede tener derecho a lo que resulta después de esa agregación, por lo menos cuando existe la cosa en suficiente cantidad para que la usen los demás.

No cabe duda de que quien se sustenta de las bellotas que recogió al pie de una encina, o de las manzanas arrancadas de los árboles del bosque, se las ha apropiado para sí mismo. Nadie pondrá en duda que ese alimento le pertenece. Y yo pregunto: ¿En qué momento empezó a ser suyo? ¿Al digerirlo? ¿Al comerlo? ¿Al hervirlo? ¿Cuándo se lo llevó a su casa? ¿Cuándo lo recogió del árbol? Es evidente que, si el acto de recogerlo no hizo que le perteneciese, ninguno de los otros actos pudo darle la propiedad. El trabajo puso un sello que lo diferenció del común. El trabajo agregó a esos productos algo más de lo que había puesto la Naturaleza, madre común de todos, y, de ese modo, pasaron a pertenecerle particularmente. ¿Habrá alguien que salga diciendo que no tenía derecho sobre aquellas bellotas o manzanas de que se apropió, por no tener consentimiento de todo el género humano para apropiarse de ellas? (...).

Quizá se objete a esto que si el recoger bellotas u otros frutos de la tierra, etc., confiere un derecho sobre ellos, cualquiera puede acaparar las cantidades que bien le parezca. A lo que respondo que no es así. La misma ley natural, que de esa manera nos otorga el derecho de propiedad, pone al mismo tiempo un límite a ese derecho. (...) El hombre puede apropiarse de cosas por su trabajo en la medida exacta en que le es posible utilizarlas con provecho antes de que se echen a perder. Todo aquello que excede a ese límite no le corresponde al hombre y constituye la parte de los demás. Dios no creó nada con objeto de que el hombre lo eche a perder o lo destruya. (....).

Sin embargo, el objeto principal de la propiedad no lo constituyen hoy los frutos de la tierra y los animales que en ella viven, sino la tierra misma, en cuanto que ella encierra y provee de todo lo demás; yo creo evidente que también en ese aspecto se adquiere la propiedad de igual manera que en el anterior. La extensión de tierra que un hombre labra, planta, mejora, cultiva y cuyos productos es capaz de utilizar, constituye la media de su propiedad. Mediante su trabajo, ese hombre cerca esa tierra, como si dijéramos, con una valla y la separa de las tierras comunes. (...).

Ningún daño se causaba a los demás hombres con la apropiación, mediante su mejora y cultivo, de una parcela de tierra, puesto que quedaba todavía disponible tierra suficiente y tan buena como aquélla, en cantidad superior a la que podían utilizar los que aún no la tenían. Por esa razón, el apropiarse una parcela de tierra no disminuía en realidad la cantidad de que los demás podían disponer. Quien deja a otro toda la cantidad de que éste es capaz de servirse, no le quita en realidad nada. Quien tiene a disposición suya el caudal completo de un río no se considerará en modo alguno perjudicado porque otro hombre beba de ese caudal, aunque beba un buen trago, porque le queda cantidad sobrada de esa misma agua para saciar su propia sed. El caso de la tierra es idéntico al del agua, siempre que exista cantidad suficiente de ambas cosas (*Ensayo sobre el Gobierno Civil*, p. 23)

Por algo se llamó a Locke el filósofo del "Common Sense": la debilidad de su rigor lógico está suplida por su practicidad.

El segundo «ingrediente» liberal que encontramos en Locke lo desarrolla él en su obra sobre la tolerancia (*Letter Concerning Tolerance*). Es un llamado a respetar la privacidad del pensamiento, lo que hoy llamaríamos libertad de conciencia. La ley no debe ser usada contra lo que alguien piensa, sólo contra sus actos si la contrarían.

No debe pensarse, sin embargo, que Locke fuera un profeta ajeno a su época: de esa norma civilizada el propio Locke excluye a dos categorías de personas, los católicos y los ateos. Aun así, Locke comienza el camino que llevará casi dos siglos después a una de las obras clásicas del Liberalismo: el tratado *Sobre la Libertad* de J.S. Mill (1859).

Los liberales también se ven reflejados en Locke por el valor que aquel da a la razón humana: la razón por encima de la sangre (contra Filmer), la razón como ingrediente básico de la moral.

El modelo de Sociedad que emana de Locke es de tipo competitivo, capitalista, aun antes de que el capitalismo existiera como tal. Para él los hombres son libres de adquirir y alentados a hacerlo por Dios (dominar la tierra). Habrá ganadores y perdedores, ricos y pobres.

Su concepción es profundamente individualista (en eso también, afín al Liberalismo).

La idea del gobierno como aquello que se confía a un tercero (la noción del *trust* clásica), con todas sus implicancias (violación del *trust*), presagia la posición de uno de los primeros y más clásicos liberales, Lord Acton, quien siglo y medio después pronunció la famosa frase de que «todo poder corrompe y el poder absoluto corrompe absolutamente».

Finalmente, hay otro elemento de profunda afinidad liberal en Locke: la concepción de la ley y su vínculo con la libertad, que luego veremos desarrollada en diversos autores, alguno tan próximo como Hayek. La ley como fuente imparcial y objetiva de autoridad, por encima de personalismos. La ley aplicable al que obedece, pero también al que manda. Y la libertad concebida no como ausencia de ley, sino como espacio dentro de la ley. Conceptos muy centrales a las concepciones jurídicas y políticas anglosajonas. *El Rule of Law* y la *Liberty within the Law*.

En contraposición, las mayores diferencias entre Locke y los liberales nacen de la distancia tomada por estos con relación a la teoría del contrato y el Derecho Natural.

A partir del Iluminismo Escocés (Adam Smith), los liberales concluyeron que el hombre tiene una tendencia natural a la sociabilidad, siendo innecesarios los esfuerzos (problemáticos siempre) de querer explicar los orígenes de la sociedad y del gobierno, echando mano a construcciones teóricas como el Contrato.

Al mismo tiempo, la justificación del por qué de estructuras o conductas sociales y políticas deja de ser el Derecho Natural (o los Derechos Naturales) y pasa al principio (más "racional") de la Utilidad.

El argumento de Locke de que los hombres libres deben mantener a sus gobiernos bajo estrecha vigilancia para que no se sobrepasen a sus funciones naturales, deriva hacia la idea utilitaria de que un gobierno es más o menos legítimo dependiendo de si aumenta o disminuye la mayor felicidad del mayor número. La diferencia –y no es menor–, como veremos, es que, en Bentham, por ejemplo, no existe la sospecha (casi desconfianza) de Locke ante el poder del gobierno.

La otra gran diferencia entre Locke y los liberales es que, para el primero, aunque revestido de toda clase de advertencias y llamados a la prudencia, la resistencia al estado y a obedecer sus leyes si son injustas es un derecho básico. Tal audacia no es igualmente visible en la mayoría de los liberales.

Antes de abandonar temporariamente a Inglaterra, para seguir la evolución del liberalismo en otras partes del mundo, bueno es tener presente que en aquella se forjó tempranamente un vínculo entre liberalismo político y disenso religioso, que hubo de perdurar hasta nuestro siglo. Esto contrasta con lo sucedido, por ejemplo, en Francia. Allí, tanto como en otros países formalmente católicos (caso Italia o España), el liberalismo estuvo siempre teñido de posturas librepensantes y aun anticlericales, cosa que no sucedió en Inglaterra, al menos con iguales grado e intensidad. Inversamente, en Ginebra y Alemania los disensos religiosos bajo Calvino y Lutero no dieron lugar a liberalismo político, sino por el contrario a absolutismos teocráticos.

En general, las demandas de tolerancia religiosa al disenso sólo en Inglaterra estuvieron vinculadas al pensamiento liberal.

Dos comentarios antes de dejar a Locke y avanzar en esta rápida reseña histórica:

A) Si bien su pensamiento no se aparta, implícitamente, de una raíz religiosa, cristiana y por ende de la creencia en un orden natural que incluye la causa final del bien común en Dios, Locke ya prefigura la concepción liberal que reducirá ese fin último y único a derechos individuales, a una sumatoria, no diseñada u ordenada, de derecho.

B. Pero también en Locke encontramos una concepción de esos derechos propia de las vertientes anglosajonas del liberalismo: el derecho como contracara del deber. Así lo expresa Alan Ryan en *The Making of Modern Liberalism*:

> Locke evidentemente arranca por el lado de los deberes, más que de los derechos. El Designio de Dios para el mundo implica deberes y nos pone tareas, por tanto, debemos tener los derechos necesarios para cumplirles. Para nada es una concepción egoísta del derecho.

Y cita al propio Locke:

> Cada uno debe preservarse a sí mismo... por lo cual, si su propia preservación no entra en competencia, debe preservar en todo lo que pueda al resto de la humanidad y no puede, salvo que sea para hacer justicia sobre un ofensor, quitar o afectar la vida o lo que tienda a la Preservación de la vida, la Libertad, Salud, Físico o Propiedad de otros.

Esta concepción del deber-derecho, se extiende al gobierno, que no tiene el derecho de gobernar como se le antoje, sino el deber de aplicar el derecho natural como parte esencial del contrato social, y también da al derecho de propiedad un sentido especial: no es un derecho ilimitado, sino la cualidad necesaria para ejercer el deber de custodio de una parte del orden creado.

3. Los liberales norteamericanos

Como en Francia e Inglaterra, la corriente de pensamiento que inspiró a los rebeldes americanos se componía de diversos hilos: desde el "radicalismo" de Jefferson, pasando por la posición moderada de Madison, su vecino de Monticello, hasta el "toryismo" de Alexander Hamilton. A pesar de ello, conforma una tradición íntegra, distinta, bajo una premisa común: todos los constitucionalistas liberales americanos, al igual que los Whigs ingleses y los "garantistas" franceses (Benjamín Constant), apuntaban, como meta, a establecer un gobierno no de hombres, sino de leyes (así lo dice el preámbulo de la constitución de Massachusetts de 1780). Leyendo los sucesivos artículos del *Federalista*, verdadero depósito de las tradiciones constitucionales de EE.UU, podemos ver que por detrás de la diversidad de opiniones está este sustento básico sobre la concepción del sistema. Sustento jurídico, pero en última instancia filosófico, antropológico: una concepción del ser humano.

Lo que conduce a otra reflexión importante: a diferencia de lo sucedido en Francia y a pesar de la influencia que el Iluminismo galo tuvo sobre el pensamiento de muchos "padres fundadores" americanos, estos no compartieron la animosidad atea y anticristiana de los "philosophes".

Por más que su lucha fuera contra Inglaterra, la Constitución de los EE.UU. y la tónica del país, "atravesó" Francia para apoyarse en Hobbes y, sobre todo, en Locke.

Hay en los pensadores americanos una veta de "sano pesimismo", muy diferente a los delirios optimistas del iluminismo francés, que lleva a aquellos a tener siempre presente la condición imperfecta de la naturaleza humana y, en consecuencia, a introducir elementos en la construcción constitucional que eviten o mitiguen o equilibren las consecuencias negativas de esa condición débil del hombre.

Este énfasis en la limitación o imperfección del ser humano es una característica del pensamiento escocés, cuyos escritores –especialmente Adam Smith– ejercieron influencia sobre algunos de los Padres Fundadores.

Muy en la línea de combinar principios teológicos y filosóficos con grandes dosis de realismo y sentido común, lo que podría llamarse el liberalismo original de los Padres Fundadores es una conjunción, en cierto equilibrio dinámico, no exento de tensión, de diversos elementos.

Veamos como lo describe un conocido (y polémico) historiador americano, Richard Hofstadter:

> Hace mucho tiempo, Horace White observaba que la Constitución de los EE.UU. está basada sobre la filosofía de Hobbes y la religión de Calvino. Presume que el estado natural de la humanidad es el de guerra y que la mente carnal esta enemistada con dios...
>
> ... Para ellos el ser humano era un átomo de interés individual. No creían en el hombre, pero sí creían en el poder de una buena constitución política para controlarlo.

* * *

El controlar y limitar el espíritu popular que andaba suelto desde 1776 era algo esencial a los fines de la nueva Constitución… . Al respecto, son interesantes los comentarios de algunos Padres Fundadores, citados por el autor:

"...Los males de que sufría el país se originaban en 'las turbulencias y locuras de la democracia'... , "la democracia", "el peor de todos los males políticos.

* * *

Sin embargo, había también otra cara al cuadro. Los Padres eran herederos intelectuales del republicanismo inglés del siglo XVII, con su oposición al gobierno arbitrario y su fe en la soberanía popular. Si temían el avance de la democracia, también tenían rechazo a volcarse hacia la extrema derecha. Habiendo experimentado una dura lucha revolucionaria contra un poder externo fuera de su control, no estaban de humor para seguir a Hobbes en su conclusión de que debe aceptarse cualquier tipo de gobierno para evitar la anarquía y el terror de un estado de naturaleza.

* * *

No deseosos de dar la espalda al republicanismo, los Padres también deseaban evitar el violar los prejuicios de la gente. "No obstante la opresión y la injusticia experimentada entre nosotros por la democracia', decía George Mason, 'la mentalidad de la gente está a favor de ella y la mentalidad de la gente debe ser consultada"...James Madison, quien ha sido correctamente llamado el filósofo de la Constitución, dijo a los delegados (de la Convención Constitucional): "Parece indispensable que la masa de ciudadanos no debe estar sin una voz en la confección de las leyes que deben

obedecer y en la elección de los magistrados que las apli-
caran". Esto los Padres lo aceptaron comúnmente, dado
que si el gobierno no procedía del pueblo, de que otra
fuente podía legítimamente provenir? Adoptar cualquier
otra premisa no sólo hubiera sido inconsistente con todo lo
que dijeron contra el gobierno británico en el pasado, sino
que, además, habría abierto las compuertas en el futuro a
una concentración de poder extrema.

* * *

Lo que querían los Padres era conocido como "gobierno
equilibrado", una idea tan vieja al menos como Aristóteles
y Polibio. ... Los hombres habían encontrado un orden
racional en el universo y tenían la esperanza de que pudiera ser trasladado a la política o, como lo expresó John
Adams, que el gobierno pudiera ser "erigido sobre los
simples principios de la naturaleza". Madison habló en
los términos más típicos y precisos del lenguaje de New-
ton, cuando dijo que "debe construirse un gobierno tan
natural que sus diversas partes constitutivas puedan por
sus mutuas relaciones, ser la forma de conservar a cada
una en su debido lugar". Los Padres creían que un estado
bien diseñado controlaría intereses con intereses, clase
con clase, fracción con fracción y una rama del gobierno
con otra, en un sistema harmonioso de frustración mutua.
En la práctica, la búsqueda de los Padres se redujo pri-
mariamente a procurar mecanismos constitucionales que
obligaran a diferentes intereses a balancear y controlarse
mutuamente.

* * *

El primero de estos era la ventaja de un gobierno federado
en mantener el orden frente a levantamientos populares
o gobiernos por la mayoría... Hamilton citaba a Montes-

quieu: 'Si ocurriera una insurrección popular en uno de los estados confederados, los otros podrán apagarla. Más aún, como sostenía Madison en el Número 10 del *Federalista*, una mayoría sería la más peligrosa de todas las facciones que puedan surgir, dado que sería la más capaz de adquirir total ascendencia...

La segunda ventaja de un buen gobierno constitucional residía en el propio mecanismo de representación. En una pequeña democracia directa, las pasiones inestables de la gente dominarían la confección de las leyes, pero un gobierno representativo, como decía Madison, "depuraría y engrandecería las opiniones públicas, pasándolas por el tamiz de un cuerpo electo de ciudadanos". Los representantes electos por el pueblo eran más sabios y más deliberados que el propio pueblo en asamblea masiva.

* * *

La tercera ventaja del gobierno que estaban diseñando los Padres fue señalada muy elaboradamente por John Adams... Adams creía que la aristocracia y la democracia debían neutralizarse mutuamente. Cada elemento debía tener su propia cámara en la legislatura y por sobre ambas cámaras debía superponerse un ejecutivo capaz, fuerte, e imparcial, armado con poderes de veto... Todo el sistema debía ser completado con una judicatura independiente.

Es irónico que la Constitución que los americanos veneran tan profundamente esté basada sobre una teoría política que en un punto crucial se ubica en antítesis directa al centro de la corriente americana de fe democrática. El folklore americano moderno asume que la democracia y la libertad son casi idénticas y cuando escritores demócratas se toman el trabajo de distinguir, generalmente presumen que la democracia es necesaria para la libertad. Pero los Padres Fundadores pensaban que la libertad con la cual estaban más preocupados estaba amenazada por la democracia. En sus mentes, la libertad no estaba vinculada a la democracia, sino a la propiedad.

Tampoco era demasiado tierna la visión de los delegados para con las libertades civiles. Eran los oponentes a la Constitución quienes estaban más activos en exigir libertades tan vitales como la libertad religiosa, la libertad de expresión y de prensa, los juicios por jurado, el debido proceso y la protección contra "pesquisas y arrestos no razonables". Esas garantías debieron de ser incorporadas en las primeras diez "amendments" porque la Convención omitió introducirlas en el documento original.

* * *

Las libertades que los constitucionalistas esperaban obtener eran fundamentalmente negativas. Querían ser libres de incertidumbres fiscales y de irregularidades en la moneda, de guerras comerciales entre los estados, de discriminación económica de parte de gobiernos extranjeros más poderosos, de ataque contra las clases de los acreedores o los propietarios, de insurrecciones populares. Apuntaban a crear un gobierno que actuara como intermediario honesto ("honest broker") entre una variedad de intereses propietarísticos, dando a toda protección frente a sus enemigos comunes y evitando que alguno de ellos se tornara demasiado poderoso... Toda propiedad debía poder tener su voz proporcional en el gobierno. Intereses propietarísticos individuales podían tener que ser sacrificados algunas veces, pero solo en aras de la comunidad de intereses propietarísticos. La libertad para la propiedad redundaría en libertad para los hombres, quizás no para todos, pero sí para todos los de valor. Los Padres creían que los hombres adquirían diferentes volúmenes de propiedad porque tenían diferentes facultades. Proteger la propiedad no es más que proteger a los hombres en el ejercicio de sus condiciones naturales. Así, entre las diversas libertades, la de poseer y disponer de propiedad, es primordial. La democracia, el predominio incontrolado de las masas, seguramente traería una redistribución arbitraria de la propiedad, destruyendo la esencia misma de la libertad.

La concepción de los Padres sobre la democracia, moldeada por su experiencia práctica con los agresivos minifundistas...y las turbas urbanas del periodo Revolucionario, se complementaba con sus lecturas de historia y ciencia política. El miedo a lo que Madison llamaba "la fuerza superior de una mayoría interesada y presionante".

* * *

Un principio cardinal en la fe de los hombres que hicieron la Constitución, era la creencia de que la democracia nunca podía ser más que un estado de gobierno transitorio, que siempre evoluciona o hacia una tiranía (el gobierno del demagogo rico que se compró a la turba), o hacia la aristocracia (Richard Hofstadter, *The American Political Tradition*, pp. 3 y ss).

4. La experiencia francesa

Cabe recordar que el liberalismo siguió otros derroteros en Francia, que lo llevaron a posiciones muy diferentes a las asumidas en el Reino Unido.

El liberalismo francés nace en una realidad muy distinta a la inglesa. También como reacción filosófica y política, pero frente a un cuadro de absolutismo feudal, muy impregnado de dogmatismo y tradición religiosa. El liberalismo francés fue profundamente antirreligioso y, más aún, anticlerical, llevando al extremo su culto a la razón, librado de la esclavitud y el oscurantismo religioso. De ese nuevo dogmatismo no saldrán principios de tolerancia sino verdaderas cruzadas que buscan imponer el producto de la razón iluminada, la voluntad general de Rousseau.

Dice John Gray:

> … la fuerza política de la Iglesia Católica en Francia, como en el resto de Europa continental, confirió desde el comienzo una contextura especial al liberalismo francés, al asociarlo con el librepensamiento y el anticlericalismo, más que con el no conformismo religioso… El Liberalismo francés tuvo desde el comienzo un entorno mucho menos favorable en el cual desarrollarse, que lo ocurrido en Inglaterra… Concordantemente, el movimiento liberal francés fue, en sus fases iniciales, marcadamente anglófilo y mucha de su crítica al poder arbitrario del gobierno bajo el "ancien regime"; se basó en una interpretación (no siempre históricamente exacta), del desarrollo continental inglés…
> … Montesquieu… figura representativa del Iluminismo Francés… en su *L'Esprit des Lois* difundió y expuso una

aproximación naturalista al estudio de la vida política y social, una que subrayó la influencia que sobre las instituciones sociales y la conducta tenía factores geográficos, climáticos y otros de orden natural.

... Los "philosophes" del siglo dieciocho abrigaron esperanzas extravagantes acerca de la razón humana. Memorablemente epitomizados en La Historia del Progreso Humano, de Condorcet (1794). En esa obra, irónicamente escrita cuando estaba escondiéndose del Terror revolucionario, Condorcet expone la doctrina "meliorista" del liberalismo en su forma más pura y categórica, como una doctrina de la capacidad de perfección de la naturaleza humana. Es la tesis de que nada en la naturaleza humana, o en las circunstancias, impide el logro de una sociedad en la cual todos los moldes naturales son suprimidos y las inmemoriales debilidades humanas –fuerza, tiranía, intolerancia– abolidas. Esta visión perfeccionista no es sólo una concepción de la naturaleza humana como carente de cualquier falla trágica, sino también una filosofía de la historia. Opina que entre los griegos y los romanos florecieron el conocimiento y las letras y la ética y la política eran objeto de estudio, pero la llegada del cristianismo frustró la tendencia natural al progreso e inició una era oscura de ignorancia y esclavitud de la mente y el cuerpo... En estos liberales del Iluminismo, el compromiso libera con reformar y mejorar se convierte en una teodicea y parte de una religión de la humanidad y adquiere el carácter de necesidad: Como lo expresa Condorcet:

"¿Y qué admirablemente calculada es esta visión de la raza humana, emancipada de sus cadenas, liberada tanto del dominio fortuito como de los enemigos de su progreso, avanzando con un paso firme y recto en los senderos de la verdad, para consolar los lamentos filosóficos de errores, los actos flagrantes de injusticia y los crímenes que aún poluyen la tierra?".

* * *

De la misma forma que en Inglaterra, a través de Edmund Burke, la Revolución Francesa llevó a desarrollar una forma de conservadorismo, con el cual los valores liberales son preservados pero las esperanzas liberales son castigadas, así en Francia, generó una literatura de autocrítica liberal (Gray, *Liberalism*, pp. 17 ss).

5. Adam Smith

Es a partir de Adam Smith que el liberalismo comienza a poner el foco de una forma especial en aquellos aspectos del hombre y la sociedad con contenido económico.

A partir de sus dos obras mayores: *La Riqueza de las Naciones* y el menos conocido *Theory of Moral Sentiments*.

Smith fue profesor de Filosofía Moral, la cual comprendía en aquella época: Teología Natural, Ética, Jurisprudencia y Economía Política. Es decir, todo un camino, desde principios fundamentales hasta su aplicación en aspectos prácticos (la Jurisprudencia y la Economía Política).

Coherente con el fundamento de su concepción en el derecho natural, el hilo conductor del pensamiento de A.S. es el discernimiento y la preferencia por lo "natural", en oposición a lo "construido". Existe un orden natural superior a lo que el ser humano pueda querer superponerle artificialmente. Inversamente, el orden social sabio será aquel que descubra adecuadamente las leyes "naturales" (lógicas, normales) y permita que funcionen. Esto no lleva necesariamente a una continua pasividad, entre otras cosas porque dentro del "orden" natural están los "desórdenes" en que a veces cae la naturaleza humana.

Para A. Smith la conducta del ser humano responde naturalmente a seis motivaciones: amor por sí mismo, simpatía, el deseo de ser libre, un sentido de lo correcto, un hábito de trabajo y la propensión a comerciar (Eric Roll, *A History of Economic Thought*).

Dados esos "resortes" de conducta, cada hombre o mujer es, naturalmente, el mejor juez de su propio interés y debe, por tanto, dejársele que lo persiga a su manera.

Porque, además, si se los deja en paz, los seres humanos no sólo alcanzarán sus ventajas personales, sino que al hacerlo también favorecen el bien común, y esto es así, porque los diferentes motivos del accionar humano están tan cuidadosamente equilibrados entre sí que el resultado beneficioso de uno no puede entrar en conflicto con el bien del conjunto. Es sobre esta base que A. Smith funda su famoso *dictum* de que el individuo, al procurar su mejoramiento individual, es "conducido por una mano invisible a promover un fin que no formaba parte de su intención". Más aún, Smith claramente prefiere este camino "natural" hacia el bien común, a otros movidos por iluminismos personales. "Jamás conocí mayor bien hecho por aquellos que aparentan actuar por el bien común" (citado por Hobsbawn).

La consecuencia de esta creencia en un orden natural es que el gobierno es particularmente efectivo cuando su actuar es negativo. Su intervención en los asuntos humanos es generalmente dañina. Mejor que deje a cada integrante de la comunidad maximizar sus ventajas. Así, dentro del orden natural, cada uno contribuirá a maximizar el bien común.

En el sistema natural, las funciones "ordenadas" del gobierno son "claras e inteligibles al conocimiento común (o al sentido común): la defensa ante agresiones foráneas; una exacta administración de justicia y, en tercer lugar, construir y mantener aquellas obras e instituciones públicas que los particulares no encararían por carecer de beneficio económico (ganancia)". A lo cual se agregaría una cuarta función: el manejo de la moneda, lo que hoy llamamos política monetaria. Aparte de esto, no hay nada más efectivo y beneficioso para A. Smith que la Mano Invisible.

El hombre forma parte de una comunidad (Smith no ocupó su tiempo elucubrando acerca de los orígenes, sino que partió de la simple constatación del hecho) y, como resultado, vive en un medio caracterizado por la división del trabajo. Todos no hacen todo. Ahora bien, esa división no sólo aumenta la eficiencia del conjunto, sino que también pone a los hombres en relaciones de interdependencia. Cada uno se encuentra constantemente en situación de precisar el aporte de otros, y es vano esperar que eso suceda por la mera benevolencia de estos. El hombre debe apoyarse no sólo en la simpatía de los demás, sino en su amor a sí mismo ("no es de la benevolencia del carnicero... o del panadero que esperamos nuestra cena, sino de su cuidado por el propio interés").

Es el comercio lo que permite la satisfacción simultánea del carnicero y del comensal. Los individuos, al emplear su propiedad o su trabajo en beneficio propio, necesariamente producen para satisfacer también lo que otros necesitan o quieren (de lo contrario no habría intercambio).

No intentar hacer en casa aquello que le costaría más hacer que comprar es principio básico de todo padre de familia prudente. Lo que es prudencia en la conducta de toda familia, no puede ser locura en la conducta de un gran reino.

Como tantos otros pensadores prestigiosos, Smith ha sido utilizado frecuentemente como arma (defensiva u ofensiva) en innumerables polémicas, no sin deformaciones a sus ideas. Smith nunca fue el defensor de una clase social, ni antagonista del capital o del trabajo. Si algún "partidismo" tuvo fue en favor del consumidor. De igual forma, A.S. no fue partidario –como algunos sostienen– de la eliminación del gobierno. Lo que Smith criticaba era la intervención del gobierno para trastocar el funcionamiento del mercado. En realidad, el "enemigo" para Smith, más que los gobiernos como tales, eran los poderes monopólicos (públicos o privados): "La gente de una misma actividad comercial rara vez se encuentra y su conversación no termina en una conspiración contra el público o en algún mecanismo para subir los precios".

No olvidemos que Adam Smith escribe en una de las épocas más reguladas de la Historia de Inglaterra. Época en la cual el ingreso a una determinada actividad requería de la autorización de los gremios, los artesanos tenían limitado el número de asistentes con los que podían trabajar, los desempleados ("paupers") no podían abandonar su parroquia, etc. etc. (Robert Heilbroner, *The Worldly Philosophers*).

Es interesante reparar cómo aspectos del pensamiento liberal estuvieron en las bases de las dos grandes revoluciones de los siglos XVIII y XIX, la americana y la francesa, con énfasis tan distintos y consecuencias igualmente diferentes.

6. Auge y ocaso del liberalismo

Andando el tiempo, la veta del pensamiento liberal aplicado al mundo de la economía fue la que más ha concentrado el interés a nivel político y popular. En ello, la influencia preponderante correspondió primero a los economistas clásicos ingleses, cuyo auge corresponde al llamado Siglo Liberal, (aproximadamente, desde la caída de Napoleón hasta la Primera Guerra Mundial). El historiador A. J. Taylor hace una descripción tan breve como ilustrativa del espíritu de esa época:

> Hasta agosto de 1914 un inglés sensato y respetuoso de las leyes, podía transitar por la vida y apenas percibir la existencia del estado, más allá del correo y el guardia civil. Podía vivir donde quisiera y como quisiera. No tenía cédula de identidad. Podía viajar al exterior o dejar su país para siempre sin pasaporte o necesidad de permiso oficial alguno. Podía cambiar su dinero por otras divisas sin restricciones ni límites. Podía comprar bienes de cualquier país del mundo en las mismas condiciones en que compraba bienes nacionales. De hecho, un extranjero podía pasar su vida en este país sin una autorización y sin tener que informar a la policía, ...sólo ayudaban al estado los que querían hacerlo.... Aquél dejaba quieto al ciudadano adulto (A. J. Taylor, *English History 1914-1945*, Oxford U. Press, 1965).

Sin embargo, aun en esa época, de apariencia tan uniforme, el pensamiento económico liberal evidencia ya vetas diferentes.

Así lo expresa Ryan (*The Making of Modern Liberalism*):

Desde mediados del siglo diecinueve hasta hoy, una veta del Liberalismo ha mirado al capitalismo como un enemigo de la libertad (Mill... Dewey...). Lo que marca una gran reversión en la historia del Liberalismo. No es una simplificación decir que hasta el siglo diecinueve, no había cuestión de oponer liberalismo a capitalismo. El movimiento de ideas e instituciones que había emancipado a los individuos de la tradición, insistía en sus derechos naturales y exigía que "las carreras estuvieran abiertas a los talentos" en vez de que la cuna fuera lo decisivo.

De la misma manera en que un hombre debía pensar por sí mismo, así debía también trabajar por las propias; de la misma manera en que la sociedad progresaría sólo si cada persona asumiera la responsabilidad por sus propias ideas y convicciones morales; sólo podía florecer económicamente si cada uno se paraba sobre sus propios pies. Qué tanto era esto una defensa expresa del capitalismo, es discutible: el término "capitalismo" no fue de uso general hasta la mitad del siglo XIX y es difícil decidir qué tan apropiado es caracterizar como capitalistas a aquellas sociedades que no poseían nada parecido a lo que pudiera llamarse proletariado, cuyas poblaciones aún vivían mayoritariamente en el campo... y que se consideraban "sociedades comerciales" más que "economías capitalistas".

Más aún, muchos de los derechos para disponer de la propiedad como a uno le antojaba, de trabajar para quien lo quisiera emplear y de contratar con cualquiera por cualquier objeto que no fuera obviamente perjudicial a la seguridad y buenas costumbres de la comunidad, había sido establecido por sucesivas sentencias judiciales heredadas en el *common law* inglés, y no sobre legislación expresamente concebida como liberal. Dicho lo cual, hay una afinidad obvia entre el liberalismo por un lado y la norma sobre propiedad privada y libertad para contratar, del otro. La visión liberal de que el individuo es, por derecho natural o algo equivalente, soberano de sí mismo, de sus talentos y de su propiedad, constituye al mismo tiempo la base del gobierno limitado, del Estado de Derecho (*rule of law*), la libertad individual y una economía capitalista. Pero estaba presente desde el comienzo la noción de que la propiedad podía ser usada tanto opresiva como inofensiva o beneficiosamente... A lo largo del siglo XIX fue creciendo el sentimiento de que, si alguna vez había sido necesario liberar al empresario de gobiernos equivocados u opresores, ahora se hacía necesario liberar al trabajador y al consumidor de la tiranía del capitalista.

Mill opinó que el asalariado moderno tenía tanta libertad de elegir su ocupación como un esclavo de la antigüedad... y L.T. Hobhouse fue más lejos, sugiriendo que el capitalismo ejercía una suerte de tiranía moral sobre las personas... (Ryan, *op. cit.*, pp. 32 ss).

El mundo occidental fue sacudido, también en sus ideas y creencias, por la llamada Gran Guerra de 1914.

La humanidad siempre conoció el fenómeno de la guerra y el propio Napoleón la había llevado en Europa a una escala nunca antes experimentada, pero la Primera Guerra Mundial fue algo totalmente distinto, inimaginable (tanto así que sus protagonistas creyeron, al lanzarse a ella, que duraría poco tiempo).

Social y económicamente fue un terremoto que sacudió todas las estructuras, llevándose por delante categorías sociales y culturales, pensamientos y convicciones. Quienes habían chapoteado en el barro de las trincheras, codo a codo peones y propietarios, sirvientes y patrones, hicieron imposible una vuelta al pasado cuando llegó la paz. Los países que, de buen grado o a la fuerza, habían instalado la planificación económica y social como instrumento imprescindible para afrontar las exigencias del esfuerzo bélico, no quisieron o, como el caso del Reino Unido, no pudieron, volver a una economía liberal al gusto de Marshall y otros economistas clásicos.

Escuchemos a Taylor otra vez:

> Todo esto (la libertad del pueblo inglés) cambió por el impacto de la Gran Guerra. La gente se convirtió, por primera vez, en ciudadanos activos. Sus vidas fueron moldeadas por órdenes de arriba: debían servir al estado en vez de perseguir exclusivamente sus asuntos personales. Cinco millones de hombres ingresaron en las fuerzas armadas.... La comida de los ingleses fue racionada y su calidad cambió, por orden del gobierno. Su libertad de movimiento fue restringida, sus condiciones de trabajo predeterminadas. Algunas industrias fueron reducidas o clausuradas, otras, artificialmente desarrolladas. La publicación de opiniones fue controlada. El alumbrado público apagado, la sagrada libertad de tomar (alcohol) interferida: los horarios (de los pubs) recortados y la cerveza aguada por decreto. Hasta la hora se cambió. De 1916 en adelante, todos los ingleses se levantaron en el verano una hora más tempran.o de lo que lo hubieran hecho, gracias a una decisión del Parlamento. El estado agarró a sus ciudadanos de una forma que, aun cuando aflojó al llegar la paz, jamás se soltó y que, luego, la Segunda Guerra volvió a intensificar. La historia del Pueblo Inglés y la del Estado Inglés se fusionaron por primera vez (A. J. P. Taylor, *op. cit.*).

Es a la salida de la Primera Guerra que se perfilan dos corrientes de pensamiento que irán disputando y eventualmente desplazando, al liberalismo que podíamos llamar clásico, aunque, como veremos, no alcanzaron a suprimirlo. Por un lado, la Revolución bolchevique en Rusia, que alcanzará luego de la Segunda Guerra y hasta los sesenta, liderazgo, cuando no predominio absoluto en buena parte del mundo y, por otro, distintas variantes de un pensamiento que puede seguir llamándose liberal, pero que enfrenta al liberalismo clásico en algunas de sus ideas básicas.

Es fundamentalmente a partir del pensamiento de John Maynard Keynes y de los efectos que apuntáramos de las dos guerras, que comienzan a prender en Occidente diferentes experiencias, de una suerte de liberalismo "asistido", por oposición a la famosa Mano Invisible de Adam Smith.

Sin pretender hacer una síntesis de las teorías económicas de Keynes, que tuvieron enorme impacto más allá del estudio de la economía, lo relevante para el tema que venimos desarrollando es su refutación del concepto de estabilidad que postulaban los economistas clásicos. Estos, reconociendo los vínculos entre inversión, empleo y precios, sostenían que el mercado dispone de mecanismos automáticos de estabilización y que es sólo cuestión de tiempo para que una economía ajuste sus variables de oferta y demanda para volver a alcanzar niveles de pleno empleo.

La crítica de Keynes comienza con la famosa frase: "In the long run we are all dead", para sostener que no es inevitable resignarse a la espera cuando ocurren extremos del ciclo económico como, por ejemplo, fueron las recesiones a la salida de las dos guerras mundiales. Analizando las motivaciones psicológicas del individuo en su propensión a invertir y a consumir, Keynes sostuvo que es posible (y beneficioso) influir sobre ellas desde el estado, para acelerar la recuperación de la economía, sin esperar el camino, mucho más lento y doloroso, del ajuste automático.

Keynes no fue un pensador socialista y el grado de su voluntarismo estaba acotado por los parámetros básicos del pensamiento liberal. Pero con su teoría, asestó un golpe muy fuerte a la Mano Invisible de Adam Smith y abrió una puerta al intervencionismo estatal, ambientado en las realidades de planificaciones centralizadas a que fueron obligados los países afectados por las guerras, que luego alimentó el entusiasmo planificador y regulador de prácticamente todos los países que no cayeron bajo la égida socialista.

Como señalara anteriormente, no es sólo el pensamiento de Keynes lo que explica las políticas seguidas por el mundo no comunista a partir de mediados del siglo pasado. Con diferencias de grado y particularidades propias, los países recogieron y aplicaron variantes de la tesis de John Stuart Mill, acerca de no dejar la distribución en manos del mercado, también de las experiencias planificadoras y estatizadoras producto de las guerras y, por último, iniciativas asistenciales, principalmente en el área jubilatoria.

Todas estas posiciones, si bien no niegan de raíz la vigencia e importancia de derechos básicos para el liberalismo, como la propiedad y aun la misma libertad, reformularán, y muchas veces, hasta el núcleo, el alcance y la aplicación de estos derechos, expandiendo la actividad de los gobiernos a través de un marcado incremento regulatorio y de los estados, por la planificación en materia social y económica y por la intervención directa en ambas esferas.

Generalizando un poco, se puede decir que la experiencia de buena parte de las economías desarrolladas e intermedias, saliendo de las consecuencias de la guerra a caballo, sea el llamado "socialismo real", sea de variantes Keynesianas, llevó a expandir con optimismo diferentes pruebas de dirigismo, relegando el pensamiento liberal clásico a la buhardilla de los recuerdos.

C) LOS BALUARTES LIBERALES

Sin embargo, lo que quedaba del liberalismo no eran sólo ruinas y cenizas. Subsistieron también importantes rescoldos, que nunca se resignaron a apagarse.

Popper, Von Mises y la escuela austríaca, Isaiah Berlin, pero quizás más que ninguno Friedrich Von Hayek, tuvieron el coraje de enfrentar a los entusiastas planificadores o directamente socialistas, sonando la alerta acerca de sus peligros: la pérdida de libertad y sus efectos negativos aun sobre la economía. Es imposible conocer toda la realidad y mucho menos predecirla, dirá Von Mises, por lo que la planificación "a la URSS" será ineficiente hasta el punto del fracaso. El conocimiento humano es imperfecto –dirá Von Hayek– y, por tanto, no debe dársele a unos pocos el poder de imponérselo a los demás. Por otra parte, no existe un valor objetivo de las cosas (bienes, servicios etc.) como enseñaba Ricardo y repetía Marx. El valor es subjetivo, lo da la demanda. Por consiguiente, no se puede imponer una tabla objetiva de valores, ordenando jerárquicamente las diversas actividades de los hombres.

Friedrich Von Hayek

Von Hayek desarrolla su pensamiento prescindiendo de apoyos teológicos (es ateo) y aún metafísicos, en cuanto manifiesta no creer en la existencia de un derecho natural; o –lo que es en la práctica equivalente– en la posibilidad de probarla. Parte de premisas epistemológicas que recuerdan el íter racional de Locke: el conocimiento humano es relativo, a punto tal que no debe permitirse su imposición a terceros. Dicho, en otros términos, la libertad es esencial y no instrumental (es un valor en sí mismo y no para alcanzar otro bien último) porque el hombre no cuenta con un conocimiento indubitable del BIEN. No sabemos cuándo un fin será bueno y, por tanto, no debemos permitir que alguien (relativamente ignorante, como yo) lo imponga. Von Mises hacía un razonamiento muy parecido al criticar las posiciones socialistas de planificación económica: fracasan ante una realidad que supera y desafía cualquier intento de «ordenarlas».

Los pasajes que siguen (en una traducción libre), corresponden a *The Constitution of Liberty* y dan un pantallazo de los hilos centrales de su pensamiento:

"Libertad, razón y tradición"

... hemos tenido hasta el presente dos tradiciones diferentes en la teoría de la libertad: una empírica y asistemática, la otra especulativa y racionalista... .

... La diferencia es rastreable directamente a la predominancia en Inglaterra de una visión esencialmente empírica y a un abordaje racionalista en Franca. El principal contraste en las conclusiones prácticas a las que llevan estos abordajes ha sido recientemente bien expresado como sigue: "Una encuentra la esencia de la libertad en la espontaneidad y en la ausencia de coerción, la otra cree que se realiza sólo en la prosecución y en alcanzar un fin a la vez absoluto y colectivo" y, "una representa el crecimiento orgánico, lento y semiconsciente, la otra un deliberado dogmatismo, una el procedimiento de prueba y error, la otra un único y obligatorio derrotero". Es la segunda... la que ha devenido el origen de la democracia totalitaria (p. 56).

Sobre la primera corriente de pensamiento, añade:

"Esta visión 'anti racionalista' de los hechos históricos, que Adam Smith comparte con Hume, Adam Ferguson y otros', les permitió —a los primeros— entender cómo las instituciones, la moral, el lenguaje y la ley, han evolucionado por un proceso de crecimiento acumulativo y que es sólo con y dentro de ese marco que la razón humana ha crecido y puede funcionar exitosamente. Su argumento está dirigido en todo momento, contra la concepción Cartesiana de una razón humana con existencia independiente y anterior, que ha inventado esas instituciones y contra la concepción de que la sociedad civil fue formada por algún sabio legislador original, o por un 'contrato social' primario.

Sin embargo, la mayor diferencia entre las dos visiones, radica en sus respectivas nociones acerca del rol de las tradiciones y el valor de todos los otros productos del crecimiento inconsciente a lo largo de las épocas. No sería del todo injusto sostener que el abordaje racionalista se opone en esto a casi todo lo que es producto diferenciable de la libertad y que da a la libertad su valor. Quienes creen que todas las instituciones útiles son construcciones deliberadas y no pueden concebir algo que sirva a la finalidad humana que no haya sido diseñado expresamente, son, casi por necesidad enemigos de la libertad. Para ellos, la libertad significa caos.

Por el contrario, para la tradición empírico-evolucionista, el valor de la libertad consiste fundamentalmente en la oportunidad que brinda para el crecimiento de lo no diseñado y el funcionamiento beneficioso de una sociedad libre se basa en gran medida sobre la existencia de tales instituciones gestadas libremente. Probablemente no haya existido jamás una genuina fe en la libertad y ciertamente no ha habido un intento exitoso de operar una sociedad libre, sin una admiración genuina por instituciones espontáneas, por costumbres y hábitos y 'todas esas seguridades de libertad que surgen de reglas de larga data y viejos hábitos'. Aunque parezca paradójico, es probablemente cierto que una exitosa sociedad libre será siempre, en buena medida, una sociedad tradicionalista.

La razón es, sin duda, la posesión más preciosa del hombre. Nuestro argumento simplemente pretende demostrar que no es todopoderosa y que el creer que puede ser su propia dueña y controlar su propio desarrollo, todavía es posible que la destruya. Lo que hemos intentado es una defensa de la razón contra su abuso por parte de quienes no comprenden las condiciones de su efectivo funcionamiento y de su desarrollo continuado. Es un llamado a los hombres para que vean que debemos usar inteligentemente a nuestra razón y que, para hacerlo, debemos preservar aquella matriz indispensable de lo no-controlado y no-racional, que forma el único entorno en el cual la razón puede crecer y operar efectivamente.

... antes de intentar remodelar inteligentemente a la sociedad tenemos que entender cómo funciona. Debemos darnos cuenta de que, aun cuando creemos que la entendemos, podemos estar equivocados. Lo que debemos aprender es que la civilización humana tiene vida propia, que todos nuestros esfuerzos por mejorar las cosas deben operar dentro de un todo activo que no podemos controlar enteramente y cuyas fuerzas podemos apenas esperar facilitar y asistir, en la medida en que las comprendamos. Nuestra actitud debería ser similar a la del médico frente a un organismo vivo: como él, debemos lidiar con un todo auto mantenido que funciona por fuerzas que no podemos suplantar y que, por tanto, debemos usar en todo lo que pretendamos hacer. Lo que pueda hacerse para mejorarlo debe hacerse trabajando con esas fuerzas, en vez de contra ellas. En todo nuestro esfuerzo por mejorar debemos siempre trabajar dentro del conjunto dado, apuntando a construcciones parciales, más que a una reconstrucción total y utilizar en cada etapa el material histórico a mano y mejorar detalles paso a paso, más que tratar de rediseñar el todo.

Ninguna de estas conclusiones son argumentos en contra del uso de la razón, sino sólo argumentos contra aquellos usos que requieren un poder exclusivo y coercitivo del gobierno; no argumentos contra la experimentación, pero argumentos contra todo poder exclusivo y monopólico para experimentar en un determinado campo −poder que no tolera alternativas y que pretende la posesión de una sabiduría superior.

"La igualdad, el valor y el mérito"

La gran meta en la lucha por la libertad ha sido la igualdad ante la ley. Esta igualdad bajo las normas que el estado aplica, puede ser complementada por una igualdad similar de las reglas que los hombres obedecen voluntariamente en sus relaciones recíprocas. Esta extensión del principio de igualdad a las reglas de conducta morales y sociales es la expresión principal de lo que comúnmente se denomina espíritu democrático... .

Sin embargo, la única igualdad que es conducente a la libertad y la única que podemos asegurar sin destruir la libertad es la igualdad de las normas generales de la ley y la conducta. La libertad, no sólo no tiene nada que ver con cualquier otro tipo de igualdad, sino que está aún determinada a producir ilegalidad en muchos aspectos. Este es el resultado necesario y parte de la justificación de la libertad individual: si los resultados de la libertad individual no demostraran que algunas formas de vivir son más exitosas que otras, buena parte del caso en favor de la libertad desaparecería.

... La igualdad ante la ley y la igualdad material no son por tanto sólo diferentes, sino que están en conflicto entre sí y podemos alcanzar una o la otra, pero no ambas a la vez. La igualdad ante la ley requerida por la libertad lleva a la desigualdad material... .

No objetamos a la igualdad como tal. Solo que suele suceder que un reclamo por igualdad es el motivo dado por la mayoría de aquéllos que quieren imponerle a la sociedad un régimen preconcebido de distribución... .

Si uno objeta el uso de la coerción para procurar una distribución más pareja o más justa, no quiere decir que uno no vea eso como deseable. Pero si queremos preservar una sociedad libre, es esencial que reconozcamos que el atractivo por determinado objeto no es justificación suficiente para el uso de la fuerza (p. 85).

Esta concepción de que a todos se le debe permitir que prueben ha sido mayoritariamente sustituida por la concepción totalmente distinta de que hay que asegurarle a todos un punto de partida igual y las mismas posibilidades. Eso significa poco menos que el gobierno, en vez de proveer a todos de las mismas circunstancias, debe apuntar a controlar todas las condiciones vinculadas a las chances del individuo, ajustándolas a su capacidad, para así asegurarle el mismo panorama que a todos los demás. Tal adaptación deliberada de las oportunidades sería, obviamente, lo opuesto a la libertad. Y tampoco puede justificarse como siendo el medio para el mejor uso de toda la información disponible, salvo que se presuma que el gobierno sabe mejor que nadie cómo deben ser usadas las capacidades individuales.

Cuando inquirimos en la justificación de esas demandas, encontramos que se apoyan sobre el descontento que produce el éxito de algunas personas en aquéllos menos sucedidos o, para ponerlo frontalmente, sobre la envidia. La tendencia moderna a gratificar esta pasión y a disfrazarla con el vestido respetable de la justicia social, está convirtiéndose en una seria amenaza a la libertad... . Si bien la mayoría de los reclamos estrictamente igualitarios se basan en nada mejor que la envidia, debemos reconocer que mucho de lo que en la superficie aparece como un reclamo por mayor igualdad es de hecho una demanda por una distribución más justa de las cosas buenas de este mundo y surge, entonces, de motivos más encomiables. La mayoría de la gente objetará no sólo el hecho desnudo de la desigualdad, sino también el hecho de la existencia de recompensas diferentes que no se correspondan con ninguna diferencia admisible en los méritos de quienes las reciben. La respuesta que comúnmente se da a esto es que una sociedad libre, en general alcanza este tipo de justicia. Sin embargo, esa es una postura indefendible, si por justicia se quiere significar una proporcionalidad de recompensa a mérito moral. Cualquier intento de basar la defensa de la libertad sobre ese argumento será muy dañino para aquélla, ya que concede que debe actuarse para que las recompensas materiales correspondan con méritos reconocidos y luego se opone a la conclusión que la mayoría de la gente sacará de esto mediante una afirmación que no es veraz. La respuesta adecuada es qué en un sistema libre, no es ni deseable ni practicable que se haga corresponder a las recompensas materiales con lo que la gente reconoce como méritos y que es una característica esencial de una sociedad libre que la posición de una persona no debe necesariamente depender de las opiniones que sus pares tengan sobre los méritos que aquél haya alcanzado (p. 91).

"Gobierno de mayorías"

La igualdad ante la ley lleva a la exigencia de que todos los hombres tengan también la misma participación en la creación de la ley. Este es el punto donde se encuentran el liberalismo tradicional y el movimiento democrático.

El Liberalismo (en el sentido europeo del siglo XIX de la palabra, al que adheriremos en este capítulo), se preocupa fundamentalmente de limitar los poderes coercitivos de todo gobierno, sea democrático o no, mientras que el demócrata dogmático solo conoce un límite al gobierno: la opinión de la entonces mayoría...

... El liberalismo es una doctrina acerca de lo que la ley debe ser, la democracia, una doctrina acerca de la forma de determinar qué será ley. El Liberalismo ve como deseable que sólo aquello aceptado por la mayoría sea de hecho ley, pero no cree que por eso la ley será necesariamente buena... .

... Para el doctrino de la democracia, el hecho de que la mayoría quiere algo es base suficiente para considerar eso bueno; para él, la voluntad de la mayoría no sólo determina lo que es ley, sino lo que es una ley buena (p. 96).

Mientras que el liberalismo es una de esas doctrinas referidas al campo y finalidad del gobierno entre las que la democracia debe elegir, esta —siendo un método— nada indica acerca de los fines del gobierno.

Aunque el término 'democrático' frecuentemente se usa hoy día para describir fines específicos de política que suelen ser populares —especialmente algunos igualitarios— no existe conexión necesaria alguna entre la democracia y una visión cualquiera acerca de cómo deben usarse los poderes de la mayoría.

... (la democracia) es probablemente el mejor método de alcanzar ciertos fines, pero no un fin en sí mismo.

Así, las tradiciones liberal y democrática concuerdan en que cuando se requiere una acción del estado y particularmente siempre que deban imponerse reglas coercitivas, la decisión sea tomada por la mayoría. Difieren, sin embargo, acerca del ámbito de la acción democrática. Mientras que el demócrata dogmático ve como deseable que cuantos temas sean posibles fueran decididos por el voto de la mayoría, el liberal cree que hay límites precisos al espectro de cosas que deban ser decididas así. El demócrata dogmático cree, en particular, que cualquier mayoría ocasional debe tener el derecho de decidir qué poderes detentará y cómo habrá de usarlos; mientras que el liberal considera importante que los poderes de cualquier mayoría temporal sean limitados por principios de largo plazo.

... es necesario que la mayoría se someta a estos principios comunes, aun cuando pueda ser en su interés inmediato el violarlos. Es irrelevante de que esta visión se exprese usualmente en términos de 'ley de la naturaleza' o de 'contrato social', concepciones que han perdido su atractivo. El punto esencial permanece: es la aceptación de esos principios comunes lo que hace de una agrupación de gente una comunidad. Y esa aceptación común es la condición indispensable de una sociedad libre. Un grupo de personas no deviene una sociedad por darse leyes, sino por obedecer las mismas normas de conducta. Esto significa que el poder de la mayoría está limitado por esos principios comunes y que no hay otro poder legítimo por encima de ellos (p. 103).

Aunque no quiera aceptar el nombre, como puede verse, lo que Von Hayek está postulando es una teoría del derecho natural.

"Law, commands and order"

La regla por la que se establece la frontera indivisible, dentro de la cual el ser y la actividad de cada individuo obtiene un ámbito seguro y libre, es la ley' (Von Hayek cita a Savigny). Esta concepción de la ley que la hizo la base de la libertad se ha ido perdiendo sustancialmente desde entonces.

La concepción de la libertad bajo la ley, que es la preocupación central de este libro, se basa en el argumento de que cuando obedecemos leyes, en el sentido de normas abstractas dictadas sin conexión con su aplicación a nosotros, no estamos siendo sujetados a la voluntad de otra persona y por tanto somos libres. Es debido a que el legislador no conoce los casos particulares a los que se aplicará su ley y debido a que el juez que la aplica no tiene elección en cuanto a las conclusiones que se siguen de cierto cuerpo de normas, en combinación con los hechos específicos del caso, que puede decirse que gobiernan las leyes y no los hombres.... Esto, sin embargo, es cierto si por 'ley' entendemos reglas generales que se aplican igualmente a todo el mundo. Esta generalidad es probablemente el aspecto más importante de aquel atributo de la ley que hemos llamado 'abstracción'... .

... la salvaguardia principal está en que las reglas deben aplicarse a aquéllos que las dictan y a aquéllos que las aplican (p. 148).

"Las salvaguardas de la libertad individual"

... La humanidad ha aprendido, por una larga y dolorosa experiencia, que la ley de la libertad debe poseer ciertos atributos".

... Esto es importante, porque hoy en día la concepción del imperio de la ley (The rule of Law), se confunde a veces con el requisito de la mera legalidad en todo el actuar del gobierno. El imperio de la ley (rule of law) presupone, por supuesto, completa legalidad, pero eso no es suficiente: si una ley diera al gobierno poder ilimitado de actuar como quisiera, todos sus actos serían legales, pero ciertamente que no estaríamos en un "Rule of Law". El imperio de la ley es también algo más que constitucionalidad: requiere que toda ley sea conforme a ciertos principios.

... El imperio de la ley no es, por consiguiente, un imperio legal, sino un imperio acerca de lo que la ley debe ser, una doctrina meta legal o un ideal político. Sólo será efectivo si el legislador se siente atado por él. En una democracia esto significa que /el Rule of Law/ no prevalecerá si no forma parte de una tradición moral de la comunidad, un ideal común, compartido e incuestionablemente aceptado por la mayoría (p. 205).

Hasta aquí Friedrich Von Hayek, uno de los exponentes más lúcidos y articulados del liberalismo clásico.

D) DE MEDIADOS DEL SIGLO XX PARA ACÁ

La Segunda Guerra Mundial recogió todos estos fenómenos e ideologías entrechocándolos en un nuevo huracán. A su salida, el Liberalismo era "cadáver" (un fósil más bien, a los ojos de la opinión pública).

Se abre entonces —en este tan rápido sobrevuelo histórico— una etapa en la que predominan dos cuerpos de ideas en materia política, y de políticas económicas. No como bloques en sí totalmente uniformes, a pesar de que su enfrentamiento durante décadas (mediados del cuarenta a fines de los ochenta) así los hizo aparecer: de un lado el campo Socialista con una gama de matices que iban desde los regímenes del llamado Socialismo Real (diferentes a su vez entre sí), hasta variantes menos dogmáticas en algunos países de Europa occidental. En el otro campo, una paleta más variada en lo político, con regímenes que iban de la oposición frontal al Socialismo hasta las llamadas "terceras posiciones", pero que en lo económico habían sustituido el liberalismo clásico por diversas formas de keynesianismo o de socialdemocracia.

Tropiezo del keynesianismo

Hacia mediados y fines de los 70´s, comenzó a percibirse que la intuición básica de Keynes, de que se ´podía estimular la demanda en las bajas del ciclo económico sin generar inflación, estaban produciendo un fenómeno nuevo: el estancamiento económico con inflación. La llamada *stagflation*.

Ya la escuela austríaca había advertido sobre los riesgos de la receta keynesiana y con los efectos a la vista volvió sobre el tema. Von Mises, Rothbard y otros señalaron que las políticas de estímulo, si se repiten, generan expectativas que empujan los precios, matando la recuperación. El estímulo a la economía por la vía de expansiones monetarias sólo resulta efectivo si no es algo esperado.

El *stagflation* de los 70 también puso en el candelero a la escuela monetarista, centrada principalmente en la Universidad de Chicago, bajo la batuta de Milton Friedman. El centro de su pensamiento, que fue llamado neoliberal, apunta a sostener que el control de la expansión monetaria es esencial para obtener crecimiento estable e inflación controlada.

La reacción anti keynesiana representada por los gobiernos Reagan y Thatcher pareció ser el comienzo de un *revival* liberal, reforzado luego por el fracaso del socialismo real. Sin embargo, la vuelta del péndulo no ocurrió y el espacio de la discusión y de las políticas económicas vuelve a estar disputado por posiciones eclécticas.

Discrepancias liberales

En materia filosófica y política, sobre todo a nivel académico, también se produjo una reacción contra las posiciones liberales clásicas, y el ensayo de nuevas fórmulas.

Alan Ryan describe el fenómeno de la siguiente manera:

> Un argumento que se ha hecho lugar común es que ha habido dos tipos de liberalismo: uno "clásico", limitado en sus objetivos, cauto en cuanto a sus bases metafísicas y político en su orientación; el otro, "moderno", ilimitado, imprudente, global en sus objetivos y una amenaza para los logros del "liberalismo clásico". El liberalismo clásico está asociado con John Locke, Adam Smith, Alexis de Tocqueville y Friederich Von Hayek. Se basa sobre la idea del gobierno limitado, la preservación del Estado de Derecho (Rule of Law), evitar el poder arbitrario y discrecional, la santidad de la propiedad privada y la libertad de contratar, así como la responsabilidad de los individuos por sus propios destinos.
>
> No es, necesariamente, una doctrina democrática, ya que no hay nada en la propia idea de gobierno mayoritario, que muestre que las mayorías respetarán los derechos de propiedad y mantendrá el Estado de Derecho (ver Madison, Hamilton y Jay en *El Federalista* no. 10) y tampoco es una doctrina progresista, del momento en que muchos economistas clásicos son escépticos acerca de la capacidad del ser humano promedio para, por ejemplo, hacer avances útiles en materia de moral y de cultura. Es hostil al estado

de bienestar: los estados de bienestar violan el principio de que cada individuo debe velar por su propio bienestar y con frecuencia enmascaran sus pretensiones en términos de justicia social, un ideal el que los liberales clásicos atribuyen poco significado. Más importante, quizás, es el hecho de que los estados de bienestar confieren amplios poderes discrecionales a sus políticos y burócratas, reduciendo así a sus clientes y a quienes dependen del estado para su prosperidad, a la dependencia.

Los adherentes modernos al liberalismo clásico con frecuencia basan su defensa del gobierno reducido en lo que asumen es una base moral mínima. El gobierno reducido se puede, por ejemplo, justificar en la prosperidad que alcanzan las economías cuando no tienen interferencias de los gobiernos. Este argumento viene de Adam Smith en *La Riqueza de las Naciones*, donde defiende el "sistema simple de libertad natural" y continúa hasta Hayek en nuestra época... y ha recibido mayor credibilidad que nunca con el colapso de los regímenes comunistas de Europa del Este y el descrédito de gobiernos militares y autoritarios en otras partes.

Los liberales clásicos no son unánimes en cuanto a la relación entre gobierno mínimo y el orden cultural y moral y esto es probablemente el punto más importante de su visión moral. A diferencia de los liberales modernos, aquéllos no se muestran particularmente afines al ideal de progreso moral y cultural. David Hume era políticamente más conservador que Adam Smith, pero se inclinaba más que Smith a admirar "la ágil marcha de los espíritus", típica de una sociedad comercial floreciente. Tocqueville dudaba que la libertad pudiera sobrevivir en la ausencia de un sentimiento religioso robusto, pensando que la autosuficiencia y autocontrol que él admiraba no era natural al hombre moderno y Hayek se inclinaba a pensar que el liberalismo político reposa sobre el conservadurismo cultural.

Los defensores contemporáneos del liberalismo clásico creen que está amenazado por el liberalismo moderno. En esa visión, el liberalismo moderno revierte las ambiciones y límites del liberalismo clásico y en ese proceso amenaza los progresos alcanzados por los liberales clásicos, cuando sustituyeron la tiranía de reyes y cortesanos por regímenes constitucionales. El liberalismo moderno se ve personificado en el *On Liberty*, de John Stuart Mill, con su llamado al hombre "como un ser progresista" y su llamado romántico a una individualidad que debe estar autorizada a desarrollarse en toda "su variada diversidad... .

En la práctica, está ejemplificado en el ataque a la libertad de contratar y a la santidad de la propiedad, representados por el estado de bienestar del gobierno británico anterior a la Primera Guerra y por el gobierno de Franklin D. Roosevelt, con su New Deal ... así como por la explosión de la actividad estatal–social luego de la Segunda Guerra. El liberalismo moderno es generalmente (pero no siempre), considerado, aún por sus críticos, como una forma de liberalismo, porque su sustrato moral básico está expresado en términos de libertad. Negativamente, el objetivo es emancipar al individuo del temor al hambre, el desempleo, la enfermedad y una vejez miserable y positivamente, el objetivo es tratar de ayudar a los integrantes de las modernas sociedades industriales a prosperar de la forma que lo quería Mill y Wilhelm Von Humboldt.

... Si bien algunos defensores del derecho de propiedad sostienen que casi cualquier restricción a la libertad de los propietarios a disponer de lo propio como deseen, equivale a una confiscación, el liberalismo moderno no tiene ambiciones confiscatorias. En la medida en que las ideas del estado benefactor no se pueden alcanzar sin un alto grado de control gubernamental sobre la economía, el liberalismo moderno no puede tratar a la propiedad como algo sacrosanto y tampoco puede limitar al gobierno a reprimir la violencia y el fraude. Pero, distinguidos liberales modernos como John Rawls sostienen que la propiedad privada es un elemento necesario a la auto expresión del individuo, especialmente aun cuando grandes tenencias accionarias no lo están. Las críticas del liberalismo moderno suelen insistir en que sí es liberalismo, pero un tipo muy peligroso del mismo.

El segundo (temor) está en que el liberalismo moderno le hace a todos una promesa irrealizable, de un grado de desarrollo personal que el estado de bienestar no puede producir y que sus esfuerzos por producirlo inevitablemente llevarán a frustraciones. Para empezar, la gente resiente que se la fuerce a entregar parte de sus ingresos obtenidos con duro trabajo, para transferir recursos que generen trabajo, educación y los diversos servicios sociales que el liberalismo moderno utiliza para crear en beneficio de otras personas su concepción de libertad individual. Esto genera una hostilidad entre grupos más y menos favorecidos, que es contraria a lo que desean los liberales.

Por otra parte, el estado de bienestar debe emplear una numerosa burocracia, cuyas miembros son dotados de poderes discrecionales y encomendados por la ley a usar esos poderes para el bienestar de sus clientes. Esto significa que la preocupación de los liberales clásicos por el estado de derecho y la limitación de decisiones arbitrarias, resulta ignorado: los burócratas reciben recursos para ser distribuidos entre sus clientes y, mientras tanto, la adhesión de los ciudadanos se ve erosionada cuando el estado fracasa en producir las cosas buenas que ha sido encargado de producir. La liberación que promete el estado de bienestar –liberación de la ansiedad, la pobreza y los constreñimientos de la vida de las clases trabajadoras es fácilmente alcanzable por la clase media educada e imposible para la mayoría del resto. Así, se genera un grave riesgo de desilusión con el liberalismo en general, como efecto de su fracaso cuando se sobre extiende... (Ryan, *The Making of Modern Liberalism*, p. 23).

Esta bifurcación de caminos a partir de diferencias en la concepción del ser humano (antropología) y de la libertad (ética) se ve agudizada en los últimos tiempos.

Así lo describe Ryan:

Hay una división muy similar, pero no idéntica, dentro de la teoría liberal entre el liberalismo y (lo que en inglés se llama) "libertarianism" (pensamiento libertario) o, tal como ocurre en el conflicto entre liberales modernos y clásicos, hay una tendencia en los partidarios de uno y otro bando a sostener que su versión del liberalismo es la verdadera y que la otra es algo totalmente diferente. Los libertarios contemporáneos argumentan frecuentemente que ellos son liberales clásicos, pero eso no es totalmente cierto. Hay por lo menos una veta de pensamiento libertario, la representada por Robert Nozick en su *Anarchy, State and Utopia* que aboga por la "descriminalización" de delitos sin víctimas, como la prostitución, el uso de drogas y actividades sexuales no ortodoxas. Nada de eso puede encontrarse en John Locke o Adam Smith.

No es fácil trazar la demarcación entre las teorías liberales y las libertarias. Ambas están comprometidas con la promoción de la libertad individual, ambas descansan muy felizmente sobre una teoría de los derechos humanos según la cual los individuos vienen al mundo con el derecho a disponer libremente de sí mismo y de sus recursos. La divisoria está entre la visión libertaria de que el gobierno no es un mal necesario si no uno considerablemente innecesario y la del liberal que considera que el poder gubernamental debe ser tratado con cautela, pero que, como cualquier otro instrumento, puede ser usado para alcanzar buenos fines. Quizás la mayor diferencia está en que los libertarios ven nuestros derechos como una forma de propiedad privada, lo que Nozick llama "entiltelments". El individuo es el dueño de su persona y habilidades. Visto así, nuestros derechos tienen sólo dos fuentes: nuestra propiedad inicial sobre nosotros mismos y nuestras capacidades y las legítimas pretensiones sobre los recursos y habilidades que otras personas hayan aceptado transferirnos libremente.

El estado, si a fin de cuentas es legítimo, no puede hacer nada más que asegurar tales derechos. No tiene recursos propios y no puede embarcarse, ni en las actividades redistributivas propias de los modernos estados de bienestar, ni en los cuasi-caritativas actividades de dichos estados. Nadie tiene el derecho de privar a nadie por la fuerza de su propiedad, si no cometieron un crimen y tampoco el estado.

Esto contrasta frontalmente con la más famosa versión reciente del Liberalismo social (*welfare estate liberalism*): la

89

Teoría de la Justicia de John Rawls. De acuerdo a Rawls, los seres humanos alcanzamos un entendimiento acerca de qué derechos poseemos y hasta dónde se extiende nuestra libertad, mediante el mecanismo de plantearnos una pregunta hipotética: ¿Qué derechos demandaríamos todos para nosotros y reconoceríamos en los demás, si tuviéramos que establecer de la nada un sistema social y político, sin tener conocimiento concreto sobre nuestras particulares habilidades y gustos, lo que nos obligaría a procurar una transacción justa con todos los demás? El argumento de Rawls es que deberíamos reconocer dos derechos: el derecho a la mayor extensión posible de libertad, consistente con la misma libertad para todos y el derecho a un tratamiento justo consagrado en la idea de que las desigualdades sólo se justifican en la medida en que mejoran la situación de los menos aventajados.

Este segundo principio es frecuentemente denominado la máxima teoría de la justicia, dado que explica la función de la justicia social en maximizar el temario del nivel mínimo de recursos sociales. Este principio es claramente hostil a cualquier concepción del estado que lo restrinja a la defensa de los derechos de propiedad. La introducción de una concepción de justicia social en la defensa de una teoría política liberal reposa sobre la idea de que los individuos tienen el derecho a desarrollarse y, por tanto, sobre el tipo de teoría de desarrollo individual propia de Mill en *On Liberty* y enajena a los defensores del liberalismo clásico.

Ryan concluye estos pasajes de su libro reconociendo que no se puede hablar de un liberalismo si no de muchos, pero que también ello hace difícil llegar a definiciones.

("...es tentador sugerir que el liberalismo se comprende mejor en términos de aquello que rechaza". no es absurdo argumentar que el liberalismo se define bien en términos negativos. Su principio general, la libertad, es en general una noción negativa: ser libre es no estar preso, no atado a una ocupación particular, no excluido..."). (A Ryan, *The Making of Modern Liberalism*).

El problema con este punto de llegada es que no resulta muy útil como punto de partida para políticas o conductas prácticas.

III.
CRITICAS A CIERTAS BASES
DEL PENSAMIENTO LIBERAL

Antes de abandonar este paneo de los contenidos del liberalismo y sus variantes para encarar lo que, a mi juicio, debe rescatarse del pensamiento liberal, creo útil reseñar algunas críticas que, desde diversos ángulos, se han hecho a aspectos básicos de aquél.

A) Reflexiones de un Liberal Decepcionado

Lo que sigue es una reseña del pensamiento de John Gray, a partir de su libro *Liberalism*, que comienza con la afirmación: "Escribo como liberal".

Para Gray, el liberalismo nunca fue una construcción filosófica completa, monolítica, sino que se nutrió de diferentes raíces, lo que produjo un árbol de varios gajos, (cuando no directamente especies distintas):

> Es la concepción del hombre y de la sociedad lo que da
> al liberalismo una identidad definida que trasciende su
> vasta variedad y complejidad interna (…). Esa concep-

ción liberal tiene varias fuentes en la cultura europea, distintas y hasta conflictivas y se ha encarnado históricamente de formas diversas. Le debe algo al estoicismo y al cristianismo, ha sido inspirado por el escepticismo y por la fe en la certeza de cierta revelación divina y ha exaltado el poder de la razón mismo cuando, en otros contextos, ha procurado limitar las reivindicaciones de la razón. Una vez más, la tradición liberal ha buscado validarse o justificarse en filosofías muy diferentes. Las reivindicaciones morales y políticas del liberalismo se han basado tan a menudo sobre teorías del derecho natural del hombre, como en un llamado a la teoría utilitaria de la conducta y han buscado apoyo tanto de la creencia como de la religión. Finalmente, como cualquier otra corriente de opinión, el liberalismo fue adquiriendo sabores diferentes en las diferentes culturas nacionales en las que sobrevivió persistentemente. A lo largo de su historia, el liberalismo francés ha sido notablemente distinto que el liberalismo en Inglaterra. El liberalismo en Alemania siempre enfrentó problemas singulares y el liberalismo americano, aunque muy dependiente del pensamiento y la práctica inglés y francés, adquirió rápidamente noveles características propias. En ocasiones debe parecerle al historiador de las ideas y movimientos que no hay un liberalismo sino muchos, vinculados sólo por un cierto aire de familia.

A partir de estas consideraciones, Gray llega a conclusiones bastantes radicales sobre la vigencia del liberalismo. Para Gray, el liberalismo fue una respuesta del Iluminismo a la crisis religiosa encarnada en la Reforma y las Guerras Religiosas, que ha perdido su razón de ser.

... El proyecto del Iluminismo que gestó y sostuvo al liberalismo es hoy letra muerta.

... En filosofía, la idea de reconstruir racionalmente la moral —sea sobre bases utilitarias, contractualistas o de derechos individuales— está virtualmente extinta.

El problema liberal —que consiste en especificar términos para la coexistencia pacífica entre exponentes de visiones globales rivales y quizás racionalmente incompatibles— subsiste con la misma urgencia que en los albores de la modernidad ... pero la esperanza de resolverlo refundando la moral sobre bases racionales universalmente irresistibles, que animó el proyecto de moral geométrica de Hobbes, su antropología individualista y la concepción de la elección racional como la generadora del orden político... se han descolorido irrevocablemente.

El liberalismo ha sido identificado con construcciones morales tan diferentes y en realidad claramente antagónicas, como para tornar inherentemente discutible e inútil cualquier intento de distinguirlo en base a un contenido normativo específico.

Los pensadores liberales no sólo han sostenido muy distintos valores y principios considerados centrales o fundamentales para la moral política liberal, sino que han postulado teorías morales totalmente diversas como fundamentos para los principios laborales.

Tal parecería que de esto estamos obligados a concluir que el liberalismo no es más que un tema de aire familiar ante una variedad de pensadores, visiones, instituciones y movimientos y que, por tanto, hay una infinidad de liberalismo, ninguno de los cuales puede reclamar para sí ser el único autorizado o auténtico.

Sin embargo y a pesar de todo esto, Gray sostiene que el liberalismo es más que esos parecidos familiares:

Porque hay en la teoría liberal dos compromisos, trenzados y soportados mutuamente, que son componentes necesarios del liberalismo: el compromiso con la autoridad racional, propia de los principios liberales, y la "meliorista" (positiva, optimista) filosofía de la historia, en la cual, sea o no que se pronostiquen para todas las sociedades la convergencia hacia instituciones liberales, esas instituciones son proclamadas como las únicas dentro de las cuales el progreso humano puede asegurarse.

> Les guste o no, los teóricos del liberalismo no pueden evitar apoyarse sobre una particular filosofía de la historia… En esto, John Stuart Mill era un pensador más claro y profundo que la mayoría de los teóricos liberales que lo sucedieron, en cuanto a que reconoció explícitamente la dependencia que el liberalismo tiene de una concepción del ser humano "como un ser progresista" –una concepción que conjuga aspectos antropológicos e históricos. Mill tenía claro que la sociedad liberal no tenía una pretensión a la razón, aún para quienes fuera una herencia histórica, si sus prácticas centrales no servían al progreso humano. Era sobre la base de estas convicciones que Mill se aferró a la irreversibilidad de la condición de libertad por aquellos que hubieran experimentado sus beneficios. Sin esos argumentos, las prácticas liberales podrán merecer apoyo en partes en virtud de sus beneficios contingentes, pero no había una justificación general para renovarlas, y menos para propagarlas a otras culturas.

Una vez que esta filosofía de la historia es renunciada, ni siquiera las culturas liberales occidentales carecen de la certeza de ser renovadas como tales. De nuevo, cuando normas liberales entran en conflicto con formas sociales no liberales, ¿por qué habrían de prevalecer aquellas?... Si el liberalismo es una forma de vida, es una entre muchas, aún en los EE.UU.

Una vez que se reconoce el carácter pluralista hasta de la cultura de los modernos estados liberales, la autoridad de la cultura liberal dentro de esos estados se encuentra comprometida. Sólo se le puede salvar invocando una filosofía de la historia basada en el modelo del Iluminismo, para lo cual hay escasa justificación en la experiencia contemporánea.

Una vez que la cultura liberal es vista como una de las formas culturales presentes, aún en estados predominantemente liberales, el problema político se transforma. Pasa a ser el de encontrar un modus vivendi para formas culturales diversas, liberales y no liberales. Ciertamente, este problema pluralista es el sucesor histórico del problema liberal con el cual se inauguró la era moderna temprana, una vez que el proyecto del Iluminismo, de dar valor universal a la pretensión liberal sobre la razón... ha sido abandonado, en el contexto de la post modernidad.

Remata Gray su razonamiento (pesimista, que proclama el fin del liberalismo como estructura filosófica y su mutación a subcultura de relativo valor), analizando el fenómeno del colapso del socialismo real, antagonista del liberalismo desde el siglo pasado:

El colapso soviético y el proyecto chino de reforma por el mercado, contrario a lo supuesto por los pensadores liberales contemporáneos y por mí mismo, no auguran la difusión de sociedades civiles de inspiración occidental: simplemente ejemplifican el alcance de las instituciones del mercado, lo que es muy distinto. Puede ser que el mercado sea funcionalmente indispensable en toda economía que funciona, pero no hay nada que demuestre que las instituciones de una sociedad civil liberal sean igualmente indispensables. El renacimiento de los 80 de una suerte de liberalismo clásico o fundamentalista ha probado ser transitorio, un epifenómeno de victorias políticas que a su vez fueron transitorias. Lejos de ser precursores del triunfo universal de las ideas e instituciones liberales de occidente, los hechos emergentes del colapso soviético probablemente sean, en una perspectiva histórica algo más larga que la adoptada por Francis Fukuyama, el prólogo de una época de decadencia de Occidente.

El desafío para el pensamiento político post liberal es buscar términos de coexistencia pacífica entre las distintas formas culturales y sin tener el beneficio —dudoso como probó ser— de la perspectiva universalista y la concepción de la elección racional que Hobbes pudo desarrollar como pensador del Iluminismo temprano. En la era posmoderna, las culturas liberales y los estados liberales deben renunciar toda pretensión de autoridad universal y aprender a vivir en armonía con otras culturas y sociedades no liberales. Encontrar instituciones que puedan albergar en paz la diversidad cultural, tanto en las relaciones entre estados como intra estados, es el desafío pluralista al pensamiento post liberal que encare este desafío que yacen las mejores esperanzas de rescatar y renovar lo que resta de valor en el pensamiento y la práctica liberal (John Gray, *Liberalism*).

Habremos de volver sobre este remate que hace Gray de su pensamiento, pero no resisto apuntar que en realidad describe cómo el esfuerzo por encontrar bases filosóficas, frente a la pérdida histórica de los consensos teológicos, estaría sufriendo el mismo proceso que éstos: al sucumbir los consensos filosóficos nacidos en el siglo XVI, a manos de la diversidad cultural del postmodernismo, nos encontramos con que la cultura no ofrece las mismas certezas que la filosofía.

Ahí está el problema. Podemos concordar con que ha sobrevenido una realidad histórica de pluralismo cultural (también de fuerte relativismo, hijos de la revolución romántica). El asunto es qué hacer. Porque la simple aceptación de una realidad que ha perdido muchos de sus mojones, no es suficiente para sustentar la vida en sociedad.

Pero antes de profundizar en ese tema medular, completemos el panorama del liberalismo en nuestros días, a través de otras miradas.

B. Las críticas al liberalismo de parte del pensamiento Comunitario

Surge como una reacción filosófica en algunos pensadores con raíces cristianas, hacia lo que se consideran desvíos del liberalismo a lo largo de los años.

Lo que sigue es una reseña a partir de la obra de varios autores, titulada *New Communitarian Thinking*.

En su participación, el profesor Amitai Ezioni, editor del libro, se expresa así:

> Los liberales frecuentemente se preocupan de proteger libertades individuales frente al ominoso estado. Frecuen-

temente ignoran o dan poca importancia a la preocupación comunitaria: las condiciones sociales, previas, que
permiten a los individuos tener su integridad sicológica,
su civilidad y su habilidad para razonar.

Yo asumo esencialmente, como piedra angular de esta
discusión, que los individuos y las comunidades son mutuamente constitutivos y su relación es, a un tiempo,
mutuamente apoyadora y tensa.

Sugiero particularmente, que la comunidad es una
trama compartida de vínculos sociales. Algo diferente a
vínculos individuales. Esos vínculos, que en sí son moralmente neutros, conllevan un set de valores morales y
sociales compartidos.

Como sostuvo Alexis de Tocqueville, la mejor protección contra el totalitarismo es una sociedad pluralista,
afirmada con comunidades y creaciones voluntarias, en
vez de una sociedad formada por portadores de derechos,
altamente individualizados.

… la oposición entre mercado y estado ignora por
completo la enorme cantidad de proyectos compartidos
que los individuos llevan a cabo en un tercer plano, el de
la comunidad. Además, asume incorrectamente que, si
el gobierno va a hacer menos, digamos menos políticas
sociales, la única o principal alternativa es el mercado. En
vez, instituciones comunitarias pueden ocupar el vacío,
atendiendo, por ejemplo, a las necesidades sociales, culturales y hasta una parte significativa de las económicas.

En la misma obra, Thomas Spragens distingue a los
comunitarios de los liberales en los siguientes términos
(p. 38):

Los comunitarios, inspirados en la insistencia republicana acerca de la necesidad de que exista una "virtud cívica", rechazaron el foco normativo del liberalismo, puesto sobre las reivindicaciones o demandas de derechos y en cambio insisten sobre la necesidad de responsabilidades, correlativas o supervinientes, que un ciudadano democrático debe a la sociedad. Empíricamente, los comunitarios se apartan de la concepción nominalista de los liberales que ven a la sociedad como un agregado de individuos, insistiendo en vez sobre las irreducibles características corporativas de cualquier sociedad. Una sociedad debidamente organizada no puede, por tanto, ser un montón de relaciones contractuales entre individuos movidos por su propio interés. En vez, debe por lo menos, en parte, ser el producto de la conducta cívica de los ciudadanos que poseen la capacidad y el auto control suficiente para cooperar y gobernarse.

En su comienzo el liberalismo fue una doctrina normativa compleja. Como lo indica el nombre, la libertad fue el valor definitorio del movimiento liberal. Pero el rol axial de la libertad en el panteón de virtudes políticas del liberalismo, debe ser entendido en su contexto. Primero, en el contexto histórico, la libertad era de crucial importancia porque reflejaba el rechazo liberal a ciertas opresiones y constreñimientos muy específicos: restricciones al pensamiento y a la expresión prohibiciones a actividades económicas, obligaciones compulsorias en materia religiosa... En ese escenario, la libertad implicaba alivio, no el sentido o el fin último de la existencia humana. Más aún, la libertad económica y la religiosa no sólo eran valoradas por su relación intrínseca con la dignidad humana, sino que además eran consideradas instrumentalmente valiosas para otros fines importantes, incluyendo mayor igualdad, prosperidad, estabilidad social y armonía cívica. Si la libertad era el valor central del liberalismo, no era de manera alguna, el único valor liberal. En vez, la libertad jugaba un rol central dentro de una estrategia liberal que comprendía un espectro complejo de aspiraciones, incluyendo igualdad política, amistad cívica y desarrollo individual.

Más aún, en sus fundamentos filosóficos el liberalismo también era una amalgama compleja. Se inspiró en los espectaculares logros intelectuales, fruto del surgimiento de la ciencia natural moderna y así, la mayoría de los liberales fue atraído a las posiciones racionalistas y empíricas que surgieron en tándem con, y de muchas maneras vinculadas con, esos logros. Pero, como la mayoría de los revolucionarios, intelectuales o de otro tipo, los primeros liberales estaban en aspectos fundamentales comprometidos con los postulados filosóficos que heredaron de la tradición clásica. Al mismo tiempo, que hablaban el lenguaje de la modernidad, tomaban como dados algunas de las suposiciones de los mismos ancestros intelectuales que estaban rechazando.

Spragens ejemplifica sus afirmaciones recurriendo a Locke:

… no era ni un positivista, ni un materialista en sus creencias morales y religiosas… creía en la realidad de leyes naturales (…) y aunque su concepción de la virtud puede haber reflejado una sensibilidad burguesa, ciertamente que no era una celebración del egoísmo (…) No era ni un libertario ni un individualista, en el sentido usual contemporáneo de esa etiqueta. En vez, buscó lograr en su sociedad liberal una compleja combinación de libertad, igualdad (moral y legal, no social y económica), cooperación social y promoción de la virtud.

Refiriéndose luego a Condorcet y Mill, Spragens sostiene que:

"ambos teóricos liberales creían fuertemente que las políticas liberales fortalecerían la solidaridad social y el sentido de comunidad".

El punto central aquí es este: los principales pensadores liberales, desde el surgimiento del liberalismo en el siglo XVII hasta mediados del XIX, describieron las normas y las metas sociales de una sociedad buena como algo variado y complejo. No avalaron la orientación de un régimen democrático hacia una sola meta o valor, como la libertad o la igualdad. Ni siquiera entorno a esas dos normas liberales, como un par. En vez, apuntaron a una sociedad que se caracterizara por una mayor prosperidad, estabilidad, amistad cívica, progreso intelectual y moral, que cualquier otra anterior. Consideraron a la libertad y a la igualdad como bienes en sí mismo –bajo la forma de autonomía y justicia– pero también como los medios más eficaces para generar esos bienes. El optimismo que se percibe, amplia y justificadamente, como una característica típica del pensamiento liberal nació de su convicción de que esos bienes no sólo eran compatibles sino, además, mutuamente interactivos. Tampoco eran en lo sustancial moralistas radicales. Su concepción de la virtud era más burguesa y menos aristocrática que la de épocas anteriores. Pero sus innovaciones eran preponderantemente empíricas y estratégicas. A sus ojos, maximizar la libertad civil y la igualdad política era la forma más efectiva de crear una unión social floreciente, así como de desmantelar viejas opresiones e inequidades.

Sin embargo, para retomar nuestro racconto, a fines del siglo XIX este cuadro comenzó a cambiar. Desarrollos filosóficos y cambios culturales erosionaron buena parte de la moral tradicional que había conformado las creencias e ideales de los primeros liberales. Y cambios, tanto políticos como económicos pusieron en cuestión la compatibilidad de algunos de los múltiples valores y metas que habían guiado al Liberalismo en sus comienzos. La resultante ha sido un liberalismo del siglo XX dividido en alas ideológicamente competitivas y divorciado de su cultura moral original.

Las corrientes filosóficas que fueron desarrollando la mayoría de las premisas morales del liberalismo temprano, abarcan una variedad de "ismos" familiares. El Darwinismo minó el sentido de una naturaleza estructurada, que había mantenido hasta a los filósofos más subversivos como David Hume circunscripto por visiones tradicionales sobre una moral universal. El Relativismo y el Historicismo abandonaron la creencia residual en un orden natural y en derechos naturales que había inspirado el liberalismo de Jefferson y Paine. El Positivismo y el Emotivismo cuestionaron la relevancia cognitiva de todo postulado moral. El Existencialismo, en sus formas, más radicales, construyó la elección del plan de vida como un acto de pura e ilimitada voluntad. Y el Postmodernismo postula la idea de que todas las normas sociales son (...) construcciones políticas, arbitrarias y contingentes.

Así, el liberalismo contemporáneo se inserta y está impregnado de una cultura muy distinta de aquella que nutrió y constriñó al liberalismo temprano. Para afirmar lo obvio: el liberalismo contemporáneo es vastamente más secular y posiblemente más materialista que el original. Es mucho más agnóstico en cuanto a qué constituye la buena vida y la virtud. Y, para marcar un punto que es particularmente pertinente a las preocupaciones de los comunitarios, ha transformado y radicalizado toda la concepción del individualismo político. Desde sus comienzos, el liberalismo abrazó el individualismo, en el sentido de que valoró la autonomía y exigió seguridades poderosas para cualquier restricción gubernamental sobre la libertad individual. Pero el individuo de Locke, Mill, Adam Smith y Condorcet disfrutaba de su libertad sólo en el contexto de correspondientes obligaciones, derivadas de vínculos y responsabilidades comunitarias, de los límites de un orden moral válido y de la fuerza de la simpatía humana (pp. 37 ss).

Dice Spragens un poco más adelante:

A fines del siglo XIX se tornó patente que las fuerzas que maximizaban la libertad y las que maximizaban la igualdad estaban en tensión, en ciertos aspectos. Si bien los comienzos del *laissez-faire* erosionaron inequidades establecidas al eliminar las restricciones políticas y legales que las perpetuaban, las políticas de *laissez-faire* en etapas avanzadas del capitalismo generaron concentraciones de poder económico y aumentaron la brecha entre la elite comercial y el trabajador promedio.

Por eso, los liberales del siglo XX han enfrentado cierta necesidad de dar prioridades entre las normas liberales clásicas de libertad e igualdad.

La resultante ha sido una cultura liberal dividida en dos campos: el libertario y el igualitario. Ambos son individualistas y de orientación a los derechos, pero parten de premisas morales diferentes y por tanto construyen postulados de derechos que defienden de manera contrastante.

Los liberales libertarios postulan derechos como propios de los individuos, mientras no infrinjan los derechos de otros... e insisten, con Milton Friedman, que uno no puede ser a la vez igualitario y liberal. En cambio, los liberales igualitarios conciben a todos los derechos válidos como constreñidos bajo una norma dominante de igualdad. La libertad es para ellos un bien humano importante, pero las libertades específicas sólo están permitidas cuando no resultan en comprometer las chances de vida de los miembros más perjudicados de la sociedad.

Ni los libertarios, ni los egalitarios, debe señalarse, prestan mucha atención al problema de la virtud (p. 44).

Creo que hay mucho de cierto en estas posturas críticas al liberalismo. Hay ciertos fenómenos filosóficos que explican el desvío operado en el liberalismo que lo llevó a desembocar en posiciones individualistas y en algunas cosas, hasta egoístas, del ser humano.

El primero lo constituyó el abandono de la causa final del pensamiento aristotélico y luego tomista. La pérdida del *telos*, lo que da sentido a la vida del hombre. Si éste no se define por su fin, sólo queda en su esencia la causa eficiente, la creación. A partir de allí, el camino no tendrá un balizamiento predeterminando y, como consecuencia, su vida se basará primordialmente en derechos (ya no en deberes-derechos).

El corolario de lo anterior será una mutación en la concepción del Derecho Natural: ya no estará compuesto por un cerno de deberes con un correlato de derechos, sino sólo de derechos: derechos individuales. El *telos* dejará de ser el Bien Común, para convertirse en el individuo y sus derechos.

Si a lo anterior sumamos las teorías psicológicas (como explicación de las motivaciones del hombre (Hobbes, Adam Smith), la tendencia al egoísmo queda marcada y con ella el flanco abierto a la crítica.

C) El liberalismo y la virtud

Enlazábamos en este punto la última visión crítica del liberalismo que trataremos aquí.

Peter Berkowitz, profesor de Harvard, dedicó un libro a este tema (*El Liberalismo y la Virtud*), del que extraeremos algunos pasajes medulares:

> El estudio de la virtud es manifiestamente inevitable en la filosofía política antigua y medieval, donde la virtud o la promoción de la excelencia humana, se consideraba el objetivo supremo de la política. En cambio, la filosofía política moderna tiende a rechazar estos objetivos elevados como imprácticos, engañosos y peligrosos. Sobre todo en las tendencias ilustrada y liberal, la filosofía política moderna plantea un objetivo fundamental diferente. En vez de buscar la promoción de la perfección humana a través de la política, la tradición liberal interpreta que el objetivo

de la política es la protección de la libertad personal. La tradición liberal entiende que la libertad es el objetivo de la política porque lo considera más alcanzable y más justo que la promoción de la virtud. Pero el repudio de la virtud como objetivo de la política no se debe equiparar con el repudio de la idea misma de virtud, o con una negación de la gran significación política del carácter de los ciudadanos y los funcionarios. Argumentaré que la tradición liberal, a través de diversos y eminentes portavoces, afirma que el mantenimiento de un orden político que garantice la libertad personal de todos depende de ciudadanos y representantes capaces de ejercer una gama de virtudes básicas. Sugeriré que el liberalismo no puede prescindir de la virtud, así como una persona que esté a dieta no puede sobrevivir sin comida ni bebida".

Seguiré a Judith Shklar en su comprensión del liberalismo como una doctrina política cuyo primer objetivo es "garantizar las condiciones políticas que son necesarias para el ejercicio de la libertad personal".

Para lograr y asegurar la libertad personal de todos, la tradición liberal ha formulado un conjunto de temas característicos que incluyen los derechos individuales, el consentimiento, la tolerancia, la libertad de pensamiento y deliberación, el interés personal bien entendido, la separación entre lo privado y lo público y la autonomía personal o primacía de la elección individual; y ha elaborado un conjunto característico de instituciones políticas que incluyen la democracia representativa, la separación de los poderes gubernamentales y la independencia del poder judicial.

A pesar de su énfasis en las condiciones políticas que respaldan la libertad personal, la tradición liberal brinda una fértil fuente de reflexiones acerca de los pilares no oficiales de las virtudes que sustentan la libertad, como la asociación cívica, la familia y la religión.

El problema de gran parte del pensamiento contemporáneo, a mi juicio, no es sólo la carencia de una explicación coherente del lugar de la virtud en la teoría política de la democracia liberal, sino, de modo más revelador, la falta de desazón ante semejante carencia.

Tres temas merecen mayor atención. Primero, la operación y mantenimiento de la democracia liberal —esa forma de democracia en que la voluntad del pueblo está sustentada y acotada por los derechos individuales— dependen del ejercicio de virtudes morales e intelectuales que, según las premisas de liberalismo, caen fuera de su supervisión estricta, que no sólo se abstiene de invocar sino que incluso desalienta o socava. Segundo, las fuentes extraliberales o extraoficiales donde el liberalismo abrevaba en el pasado para alentar las virtudes necesarias para su mantenimiento —sobre todo, la familia, la religión y las asociaciones de la sociedad civil— han sufrido transformaciones sustanciales y ya no pueden utilizarse del modo en que aconseja la tradición liberal clásica. Tercero, los principios liberales parecen generar vicios característicos, vicios que están entrelazados con las virtudes liberales y amenazan la capacidad de los ciudadanos para sostener instituciones liberales y democráticas. Curiosamente algunos partidarios del liberalismo han hecho causa común con sus críticos al proclamar un fatal o enconado antagonismo entre virtud y liberalismo. Este grave error impide que el liberalismo reconozca las condiciones que lo sustentan. A diferencia del pensamiento convencional, la tradición liberal no solo deja margen para la virtud, sino que demuestra que el ejercicio de esta es indispensable para un régimen político que procure establecer la igualdad y proteger la libertad. No estoy diciendo que proteger o promover la virtud en una sociedad liberal sea sencillo; tampoco niego que, con el tiempo, ciertos rasgos del pensamiento liberal pueden poner en jaque la integridad de la virtud. Solo deseo sugerir que podemos comprender mejor la complejidad del asunto y ver mejor el riesgo si tenemos en cuenta las ricas y esclarecedores opiniones de los forjadores del liberalismo moderno acerca de la relevancia de la virtud para la libertad y la igualdad.

Según las creencias en boga, las funciones no son dadas y definidas sino construidas e infinitamente variadas, la felicidad es cuestión de elección individual y existen mil y un estilos de vida aceptables. Estas opiniones, arraigadas en ideas filosóficas que constituyen parcialmente la modernidad liberal e ilustrada, parecen restar firmeza a la virtud entendida en relación con la perfección humana, pues niegan rotundamente que los seres humanos tengan una naturaleza que se puede perfeccionar o una gama circunscrita de funciones. Y la crítica contemporánea de los fundamentos pasa atolondradamente de la perspectiva de que la filosofía moral y política puede prescindir de un conocimiento perfecto de los fundamentos, a la dogmática afirmación de que los fundamentos teóricos de la moralidad y la política no existen. Para comprender el dificultoso trance actual de la virtud, debemos explorar aquellos rasgos de la modernidad liberal que, al alentar un repudio de su fundamento aparente, han hecho que la virtud entendida como excelencia humana se ponga a la defensiva.

(...) la modernidad implica una nueva comprensión de la condición humana basada en el rechazo o la drástica revisión de las ideas heredadas acerca de Dios y la naturaleza. El pensamiento distintivamente moderno cobra existencia a través de una crítica explícita a la filosofía griega clásica y la fe bíblica. Para muchos pensadores medievales eran manifiestas las diferencias o conflictos entre la filosofía de Platón y Aristóteles, que culminaba en la idea de una excelencia humana autónoma que se completaba con el perfeccionamiento de nuestra facultad racional, y la fe bíblica, que promulgaba la idea de salvación o redención como dádiva suprema de un Dios misterioso. Pero para pensadores como Maquiavelo y Hobbes, la filosofía originada en Platón y Aristóteles y la religión arraigada en la biblia eran similares en el aspecto más importante. Mientras los pensadores medievales lidiaban con las versiones conflictivas del bien máximo o finalidad suprema enseñadas por la filosofía y la fe, Maquiavelo y Hobbes estaban más impresionados por el hecho de que tanto en la filosofía clásica como en la religión bíblica había un orden moral trascendente, no sujeto a la elección ni la voluntad humana, que establecía principios de conducta recta, definía la felicidad y revelaba la perfección del alma.

Al cuestionar la creencia en un orden natural o divino que se podía conocer mediante el ejercicio de la razón, la filosofía moderna, sin prisa, pero sin pausa, parecía revelar que la excelencia humana era un invento humano. Y la virtud, una vez que fue entendida como invento humano, o como designación general de las cualidades de mente y carácter que la gente de determinada sociedad valoraba y alababa, perdió gran parte de su esplendor y dejó de ser reconocible como tal. Pues, si los seres humanos carecían de una naturaleza, función o vocación, también debían carecer de virtud en el sentido preciso, dado que la virtud implicaba la perfección de una naturaleza. También había consideraciones prácticas que relegaban el papel de la virtud. Las cruentas guerras religiosas que asolaron Europa en los siglos dieciséis y diecisiete convencieron a muchos observadores reflexivos de que era urgente prescindir de las cuestiones de la salvación suprema y el bien supremo en la esfera de la política. Para preservar la paz y el orden, se argumentaba, el gobierno debía ser limitado, tanto en sus fines legítimos como en los medios o potestades que usara para alcanzar esos fines. El objetivo del gobierno no era cultivar la virtud, como enseñaban los filósofos antiguos, sino mantener la paz, proteger los derechos individuales y promover la prosperidad material. Por cierto, una cosa es decir que no es cuestión del gobierno cultivar la virtud y muy otra es afirmar que la virtud es irrelevante para el mantenimiento de la paz, la protección de los derechos individuales y la promoción de la prosperidad material.

Así, según la imagen convencional, mientras una rama del pensamiento liberal degradaba la virtud a partir de una crítica teórica de la metafísica y la religión, otra rama le restaba importancia política mediante juicios prácticos acerca de las nefastas consecuencias de valerse de la fuerza coercitiva del estado para imponer ciertas concepciones del buen vivir. En muchos casos, por supuesto, la crítica teórica de la razón se unía a los juicios prácticos sobre la necesidad política, con el resultado de que las opiniones sobre la perfección humana eran relegadas al fondo del pensamiento moral y político.

Oscurece una cuestión de especial importancia: aunque rechazaban la idea de que el estado se dedicara a la promoción de la excelencia humana, los forjadores del liberalismo moderno no rechazaban la virtud en cuanto categoría fundamental de la filosofía moral y política, y nunca soñaron que una política basada en la libertad y la igualdad natural pudiera alcanzar sus objetivos al margen de las cualidades de mente y carácter de los ciudadanos y los funcionarios.

La presunción moderna de haber superado totalmente la fe religiosa y la filosofía tradicional, advierte Taylor, ha sido una causa de los excesos y locuras cometidos por los campeones de la modernidad, y esta tendencia hoy amenaza los logros obtenidos.

La respuesta va al corazón del dilema liberal. La tradición liberal clásica no es muda ni indiferente en lo que atañe al vínculo entre virtud y política, pero los principios liberales dominantes activan una dinámica conceptual que fácilmente induce al silencio sobre la virtud y alienta la indiferencia hacia las cuestiones relacionadas con su cultivo. Ya sea porque nieguen un bien supremo, o encaren las decisiones sobre la creencia religiosa y el culto como algo entre Dios y el individuo, o entiendan la moralidad en términos de formas universales de razón desprovista de contenido empírico, o hagan de la elección individual la piedra de toque de la excelencia, las ideas liberales sobre la naturaleza humana, los primeros principios metafísicos y el bien conspiran para desviar nuestra atención de ciertas excelencias de carácter, las virtudes morales e intelectuales que definen a un buen ser humano. Y las ideas liberales sobre los derechos individuales y la igualdad humana enfatizan que el gobierno debe abstenerse de legislar la moral —o, más recientemente, que el gobierno debe expandirse para proteger las condiciones de elección–, olvidando lo que el gobierno puede hacer legítimamente en su esfera circunscrita y con sus medios restringidos para promover (o no desalentar) las virtudes específicas necesarias para la preservación de la sociedad.

(...) debemos reconocer que cuando se corta el vínculo entre las virtudes menores, que se ejercen como medio para diversos fines, y las virtudes más elevadas, o virtudes de la excelencia humana, que se ejercen por sí mismas, la virtud amenaza con convertirse en una empresa mercenaria.

Segundo, las buenas razones liberales para limitar la intervención del gobierno en el respaldo y supervisión de visiones particulares de la excelencia humana se ha llegado a ver, erróneamente, como una interdicción que impide al gobierno la función de equipar a los ciudadanos con las cualidades de mente y carácter que necesitan para vivir juntos en paz y prosperidad. Por una parte, conviene entender que la afirmación de que existe un bien supremo para los seres humanos no implica que sea asunto del gobierno promover las virtudes que lo sustentan (aunque tampoco anula esta posibilidad). Por otra parte, la negación de un bien supremo es compatible con la visión de que hay virtudes que el gobierno debería promover. Gobierno limitado no significa neutral, la neutralidad en los actos de gobierno, como Mill observó hace más de un siglo, es imposible porque, como él aclara en *Sobre la Libertad* al comentar el impuesto a las bebidas alcohólicas para promover "el interés del agente", toda acción gubernativa impone costes y beneficios. El principio del gobierno limitado no requiere que el gobierno esté atado y amordazado: el liberalismo no solo impone límites al gobierno sino también a las limitaciones del gobierno. Dadas la mutabilidad de la circunstancia humana, las súbitas emergencias y las cambiantes amenazas a la libertad y la igualdad, el principio del gobierno limitado no puede especificar de antemano y para todas las situaciones la naturaleza precisa y los alcances de los límites razonables. Los principios liberales que se apartan de la perfección humana y desalientan al gobierno de participar en la formación del carácter sea totalmente indiferente a los regímenes liberales, ni una cuestión de la que deban abstenerse. En la tradición liberal clásica, empero, existe el consenso de que las virtudes necesarias para sostener órdenes políticos liberales se deben buscar principalmente en fuentes extra liberales o no gubernativas.

Sin embargo, los tiempos cambian. El liberalismo de hoy ya no tiene fácil acceso a las creencias, prácticas e instituciones en que los forjadores del liberalismo moderno podían delegar el sostén de la virtud.

Y el prolongado ataque contra los estudios clásicos en las universidades, el carácter cambiante de la sociedad civil, la distancia del gobierno respecto de la vida de la mayoría de la gente en las democracias liberales de hoy, así como el colapso de la familia, han debilitado seriamente las fuentes que para Mill podían alentar las virtudes apropiadas para las exigencias de una vida de libertad. El liberalismo mismo, debemos reconocerlo, tiene no poca responsabilidad por el duro desafío que enfrenta. Pues la institución o realización de los principios liberales contribuye a debilitar las fuentes extra liberales o no gubernativas de virtud en los órdenes liberales. (Peter Berkowitz, *El Liberalismo y La Virtud*).

Caben aquí similares comentarios a los expuestos en relación a las críticas que los Comunitarios hacen al liberalismo: al sacarle una pieza a la estructura filosófica, esta se desnaturaliza.

VI.
¿ENTONCES?
¿A QUÉ VIENE TODO ESTO?

A) Introducción

La respuesta más simple y directa a estas preguntas la da la realidad de nuestra sociedad contemporánea. Hemos hecho un rápido recorrido histórico que, por un lado, nos trae una visión poco optimista en cuanto a la adhesión que puede concitar el pensamiento liberal y a la aspiración de poder volver a alcanzar una posición de preeminencia y aceptación, que permita a la sociedad tener ciertas premisas rectoras básicas.

Pero, por otro lado, la evidencia empírica nos muestra una realidad con crisis de valores, con reclamos insatisfechos, con fracturas, tanto sociales como culturales. Un cóctel tan confuso y profundo que ya permea aspectos básicos a todo orden social: la creación de normas legales ocurre cada vez más alejada de principios filosóficos coherentes y constantes y su aplicación posterior, tanto por los magistrados como por los individuos, participa crecientemente de esa falta de rumbo.

Van quedando pocos mojones. A lo sumo un apego, más por espíritu de supervivencia (últimos restos del naufragio) que, por convicción, a la Constitución. Curiosamente, una constitución jurisnaturalista, pero que no es valorada por eso, al contrario, si no sólo por el hecho de ser. Del viejo adagio latino: *precepta quia bona y bona quia praecepta* (hay preceptos que deben cumplirse por ser buenos y otros simplemente por ser obligatorios), queda sólo la segunda parte.

También sobreviven restos de los principios filosóficos (aristotélicos) y de la tradición moral judeo-cristiana, sobre todo, en lo cotidiano y en el discurso, pero no es suficiente pegamento para sostener la convivencia social.

En suma, así no podemos seguir. Tenemos que hacer el esfuerzo por buscar las raíces que se nos perdieron, por encontrar en qué parte del camino erramos el trillo y qué nos ha ido ocurriendo al derivar sin una huella marcada.

B) ¿Dónde fue que erramos el trillo?

En su obra *After Virtue*, el filósofo escocés Alasdair MacIntyre hace un análisis de este asunto que, sin compartir totalmente sus conclusiones, me parece que describe bien el problema planteado.

Comienza MacIntyre por constatar que los hombres siguen emitiendo juicios de valor y entrando en discusiones sobre temas éticos y morales, pero cada vez más a partir de premisas que: 1.º) poco tienen en común, y 2.º) poco tienen de estables y duraderas.

Es decir que, por un lado, hay una aspiración central en el hombre a la existencia de premisas y valores racionales y compartidos (si no absolutos), a la vez de ignorar o resistir lo que se requiere para ello. Esto ha dado lugar a lo que el autor llama "emotivismo".

El origen histórico de esta situación comienza cuando, en los siglos inmediatos a las guerras de religión, se da la búsqueda de otras premisas, que no generen las reacciones que generaban las teológicas, para refundar sobre esas premisas las estructuras básicas de la convivencia social.

El abandono de las premisas teológicas no implicó por sí, y en los comienzos, largar también la estructura de un orden y un derecho natural, pero la evolución del pensamiento liberal fue procurando nuevas bases filosóficas, apartadas de las clásicas, aristotélico-tomistas. Esto, señala MacIntyre, no funcionó. Las teorías de corte psicológico como las expuestas por Hume y Adam Smith son una ficción filosófica:

> El proyecto de proveer una validación racional para la moral había fracasado decisivamente y de ahí en más la moral de nuestra cultura antecesora —y subsecuentemente de la nuestra— perdió toda racionalidad pública compartida y toda justificación. En un mundo de racionalidad secular la religión no podía ya suministrar esa fundamentación compartida para el discurso y la acción moral y el fracaso de la filosofía en proveer aquello que la religión ya no suministraba fue una causa importante de la pérdida de su rol central (*After Virtue*, p. 48).

Los pensadores racionalistas, y entre ellos los liberales, rechazaron la concepción aristotélica (y luego cristiana) de que el ser humano tenía una esencia y que esa esencia comprendía un fin, un *telos*, la causa final de Aristóteles, el bien común, la felicidad, la salvación. Y ahí radicó el fracaso de su moral.

El rechazo conjunto de las bases teológicas y las aristotélicas, terminó eliminando la noción del ser humano como capaz de realizarse buscando el sentido de su causa final, de su *telos*:

Como todo el sentido de la ética —tanto teórico como práctico— está en posibilitar al hombre pasar de su estado presente a su verdadero fin, la eliminación de toda noción de una naturaleza humana esencial y con ella el abandono de toda noción de *telos*, deja apenas un esquema moral formado por dos elementos residuales, cuyo relacionamiento deviene muy poco claro. Por un lado, hay un cierto contenido para la moral: un set de mandatos privados de su contexto teológico y por otro, una cierta visión de la naturaleza humana tal cual es. Como originalmente los mandatos morales estaban insertos en una estructura en la cual su razón de ser era corregir, mejorar y educar la naturaleza humana, claramente no van a ser tales que puedan ser deducidos a partir de afirmaciones ciertas acerca de la naturaleza humana, o justificados de alguna otra forma por apelar a sus características. Los mandatos de la moral, así concebidos, probablemente sean aquellos que la naturaleza humana, así concebida, tiene fuertes tendencias a desobedecer. Así, los filósofos moralistas del siglo XVIII se embarcaron en lo que inevitablemente iba a ser un proyecto fracasado, ya que en realidad tratará de encontrar una base racional para sus principios morales en una particular concepción de la naturaleza humana, al mismo tiempo que heredaban, por un lado, un set de mandatos morales y por otro una concepción de la naturaleza humana expresamente diseñadas para estar en mutua discrepancia. Discrepancia que no fue solucionada por sus visiones revisadas acerca de la naturaleza humana. Heredaron fragmentos incoherentes de un sistema de pensamiento y acción que había sido coherente y como no reconocieron su peculiar situación histórica y cultural, no pudieron percibir el carácter imposible y quijotesco de la tarea que se habían fijado.

Kant tenía razón: la moral del siglo XVIII efectivamente presuponía, como hecho histórico, algo muy parecido al esquema teleológico de Dios, libertad y felicidad, como la corona última de la virtud que el propio Kant propone. Despeguen la moral de esa estructura y no tendrán más una moral o, como mínimo, habrán cambiado radicalmente su carácter (p. 52).

En ese cambio de la concepción del ser humano, que abandona el elemento de *telos* y, como espejo, la concepción del bien común, nace el "individuo" y con él la noción de derechos individuales, ambos ejes centrales del pensamiento liberal, pero también las raíces de su debilitamiento. Continúa MacIntyre:

Los problemas de la teoría moral moderna surgen claramente como el producto del fracaso del proyecto iluminista. Por un lado, el agente moral individual, liberado de la jerarquía y la teleología, se concibe a sí mismo y es concebido por los filósofos moralistas, como soberano en su autoridad moral. Pero, por otro lado, las reglas de moral, heredadas, pero también parcialmente transformadas, deben encontrar un nuevo estatus, al haber sido privadas de su viejo carácter teológico y su aún más viejo carácter categórico, como expresiones de una ley divina superior. Si esas reglas no encuentran un nuevo status que haga racional su atractivo, éste quedará como un mero instrumento del deseo y la voluntad individual. Así, hay presión para reivindicarlos, sea diseñando una nueva teleología o encontrándoles un nuevo status categórico (p. 61).

El primer camino fue el explorado por los utilitaristas (Bentham y los Mill), el segundo por Kant y quienes lo siguieron, en la tarea de presentar la autoridad del llamando a las reglas, morales como basadas en la naturaleza de la razón práctica. Ambos caminos fracasaron, pero no sin antes dejar sus huellas en las normas de convivencia social y la aceptación de ellas por el hombre.

Dice MacIntyre un poco más adelante:

… tanto el utilitarismo (…) como la filosofía moral analítica (…) han sido intentos no exitosos de rescatar al agente moral autónomo del predicamento en que lo colocó el fracaso del proyecto Iluminista de suministrarle una justificación secular, racional. Ya caractericé ese predicamento como uno en el cual el precio pago por la liberación de lo que parecía ser la autoridad externa de la moral tradicional, fue la pérdida de todo contenido de autoridad del nuevo agente autónomo. Cada agente moral habla ahora sin constreñimientos provenientes de las externalidades del derecho divino, la teología natural o una autoridad jerárquica, pero ¿porque habría de ser escuchado por otros? (p. 65).

MacIntyre hace pie en este desenlace para remarcar un aspecto muy peculiar de la convivencia moral contemporánea: "… casi todo el mundo, filósofo y no filósofo por igual, continúa hablando y escribiendo como si alguno de esos proyectos (filosóficos), hubieran tenido éxito" (p. 66).

Dicho, en otros términos, al lado de la pérdida de bases filosóficas que sustentan una moral compuesta de normas generales y obligatorias, convive una práctica que las asume, porque no puede vivir sin ellas.

Como bien apunta MacIntyre, el recurso a la intuición o a la autoevidencia (*selfevident*), como base de una estructura normativa no son más que subterfugios.

El juicio de Macintyre es duro:

> Una parte clave de mi tesis ha sido que las expresiones y las prácticas de la moral moderna sólo pueden ser entendidas como una serie de fragmentos sobrevivientes de un pasado y que los problemas insolubles que aquellos han generado para los teóricos modernos de moral permanecerán siendo insolubles hasta que esto sea comprendido. Si el carácter deontológico de los juicios morales es el fantasma de concepciones de derecho divino que son bien ajenas a la metafísica de la modernidad y si la característica teleológica es también el fantasma de concepciones acerca de la naturaleza y la actividad humana que están igualmente incómodas en el mundo moderno, debemos esperar que los problemas de comprender y de asignar un sentido a los juicios morales, surgirán continuamente y de forma igualmente continua resultarán afín a soluciones filosóficas.

Las conclusiones a las que llega MacIntyre son dramáticas:

> Lo que esto muestra es que la política moderna no puede ser materia de un genuino consenso moral. Y no lo es. La política moderna es una guerra civil, llevada adelante por otros medios... La verdad sobre esto fue expuesta por Adam Smith: "No debemos esperar que las leyes de un país estén enumeradas como clases de moral... son soluciones políticas para ajustar las pretensiones de los partidos y asegurar la paz de la sociedad" (p. 236).

La práctica del patriotismo como virtud no es ya posible en las sociedades desarrolladas, como una vez lo fue. En cualquier sociedad en la que el gobierno no expresa ni representa a la comunidad moral de los ciudadanos, sino que, en vez, es un conjunto de acuerdos institucionales para imponer una unidad burocratizada sobre una sociedad que carece de un genuino consenso moral, la naturaleza de la obligación política se torna sistemáticamente poco clara.

Cuando la relación del gobierno con la comunidad moral es cuestionada, tanto por la cambiada naturaleza del gobierno, como por la falta de consenso moral en la sociedad, se hace muy difícil mantener una concepción clara, simple y transmisible de patriotismo (p. 237).

Duro, ¿verdad? Tal parece que sólo resta apagar la luz. Pero, al final de su obra, trae lo que para mí es el desenlace correcto (y el trampolín para el siguiente capítulo):

Al final, la oposición crucial es entre el individualismo liberal, en alguna de sus versiones, y la tradición aristotélica en alguna de las suyas.

Las diferencias entre ambas son profundas. Se extienden más allá de la ética y la moral, o la comprensión del actuar humano, de tal forma que visiones rivales de las creencias sociales, de sus límites y sus posibilidades, están íntimamente ligadas con estas dos formas alternativas de ver el mundo…"

Mi conclusión es muy clara. Es de que, por mi lado, todavía carecemos de una propuesta racionalmente coherente y defendible de un punto de vista individualista, a pesar de los esfuerzos hechos en tres siglos de filosofía moral y uno de sociología y que, por el otro, la tradición aristotélica puede ser reafirmada en una forma que devuelve inteligibilidad y racionalidad a nuestras actitudes y compromisos morales y sociales (Alasdair MacIntyre, *After Virtue*).

Por ahí va la cosa y es por ahí que trataremos de alcanzarla.

C) ¿Por qué no abandonarlo todo?

Máxime cuando hemos visto las dificultades y los tropiezos de tantos en la búsqueda de un esquema de convivencia, racional, fundado y aceptado.

En primer lugar, porque la mera contemplación del fracaso y el reposo en un relativismo escéptico da malos resultados. Lo estamos viendo cotidianamente. Malos resultados que incluso perforan nuestro egoísmo: si no funcionan las normas y las instrucciones en una sociedad, no hay egoísmo que nos pueda blindar contra ellas.

Quizás no alcancemos el objetivo, pero no debemos renunciar de antemano al esfuerzo. Hay que empezar el camino y como comienzo es útil despejarlo, recordando el fracaso de la veta voluntarista, desprendimiento del Iluminismo, fundamentalmente por inspiración francesa.

La sustitución de Dios por el endiosamiento de la razón y luego de esta por la voluntad del iluminado ha sido cuna de distorsiones, excesos y fracasos. Desde la voluntad general de Rousseau, ambientadora del dogmatismo jacobino, hasta la implosión del socialismo real, para volver a un Rousseau *light*, con vetas románticas y relativistas, todas las variantes voluntaristas han fracasado o están fracasando. La premisa mayor es, "a mí me parece" y sobre algo tan pequeño no se puede pretender construir un sistema moral o una institucionalidad política.

Como señalaba MacIntyre, aun quienes quieren tener las manos libres con su propio parecer, terminan hablando y actuando en función de categorías generales y absolutas. Es que el relativismo como premisa mayor constituye una *contradictio in terminis.*

En la práctica nos aferramos a un orden jurídico basado en una constitución (por más que después pretendamos las interpretaciones más disparatadas), demostrando que precisamos un fundamento general y categórico. No creemos, pero vivimos como si creyéramos, y cuando no lo hacemos, la sociedad cruje, entre egoísmos y contradicciones.

¿Entonces? ¿Por dónde comenzar la búsqueda?

Mi tentación sería elegir el camino de una filosofía cristiana, por la coherencia de su estructura, pero estaríamos volviendo a los orígenes del problema, cuando se hizo imposible continuar funcionando prácticamente en base a una religión y los pensadores se lanzaron a la búsqueda de premisas alternativas.

Intentemos retomar el camino de los pensadores racionalistas que aportaron las bases del pensamiento liberal. Pero cuidando de no apartarnos de las bases filosóficas originales.

Volvamos a mirar el pensamiento liberal a partir de sus orígenes aristotélicos, estoicos y tomistas, para ver si con esas herramientas podemos reconstruir un sistema que sea racion al, coherente, antropológicamente apto y aceptable.

D) Enseguida saltará la pregunta: ¿Cómo imponer después ese sistema?

No empecemos por ahí. Hagamos primero el esfuerzo por elaborarlo y, si alcanzamos el objetivo, los esfuerzos deberán ir por el camino de la demostración persuasiva, del convencimiento. Jamás de la imposición.

¿Convencer de qué? Pues, para empezar, de la necesidad de un marco coherente, estable, previsible y compartido, de normas e instituciones.

Segundo, y pegadito a lo anterior, que esa necesidad, al igual que los fracasos de todos los intentos por sustituirla con tesis voluntaristas, indican que el ser humano tiene cierto ADN filosófico, cierta forma de ser, cierta antropología y que tirando de ese hilo, capaz nos encontremos con los elementos que componen ese ADN. Usemos la razón para descubrir (redescubrir) las señales de la naturaleza, en vez de la voluntad tratando de crear realidades a medida.

V.
EN LA BUSQUEDA DE UN LIBERALISMO CONTEMPORÁNEO

Recorreré ese camino en su orden lógico: primero, si es posible conocerlo (etapa epistemológica), para después desembarcar en las conclusiones morales e institucionales o políticas.

A) *Epistemológicamente*, el liberalismo cree en la capacidad del hombre para alcanzar un grado de conocimiento tal que permita hacer afirmaciones generales y verdaderas, pero no cree que esa potencialidad sea absoluta y perfecta. No todo es relativo, hay un orden natural perceptible y alcanzable por la razón, pero no con garantía de verdad absoluta. Caracteriza al liberalismo, sobre todo en sus orígenes (Locke, Padres Fundadores), una prudente humildad acerca del ser humano que lo lleva a ser muy cuidadoso en sus afirmaciones apodícticas y muy tolerante con las posiciones de los otros.

Locke, que no fue un filósofo de pensamiento riguroso, sino más bien un pensador práctico, muy inspirado en el *common sense* británico, hizo de esta premisa la base de uno de los *leitmotivs* de su prédica: la prudencia: "¿Dónde está el hombre que tiene evidencia incontrastable de la verdad de todo lo que sostiene, o de la falsedad de todo aquello que condena?.

La posición es eminentemente práctica y constituye uno de los fundamentos racionales para defender la libertad del individuo, pero la falta de seguimiento a la idea hace que se vea inmediatamente cuestionada: ¿dónde están los límites de cada punta? ¿Cuánto es posible conocer con certeza y cuánto no es posible imponer a otros como cierto?

Von Mises aborda el tema desde un ángulo algo diferente:

> El liberalismo es una doctrina dirigida enteramente a la conducta del hombre en este mundo… y no se involucra directamente con sus necesidades íntimas, espirituales y metafísicas… por su convicción de que lo que es más alto y más profundo en el hombre no puede ser tocado por ninguna norma externa. Procura sólo crear bienestar externo, porque sabe que las riquezas espirituales interiores no le vienen al hombre desde afuera sino sólo desde su propio corazón (*Liberalism*, p. 4).

Aquí ya no es un tema de los límites de la capacidad epistemológica del ser humano, sino del establecimiento de esferas ontológicas diferentes: lo personalísimo de lo meramente práctico.

En definitiva, no creo que sea necesario elaborar una epistemología completa y cerrada. Basta con reconocer, por un lado, la capacidad del ser humano para conocer y alcanzar grados de generalidad y certeza, diferentes según los distintos campos del conocimiento, tanto teórico como aplicado y en todos los casos limitado. Lo que debe llevarnos a la humildad y a la tolerancia, pero no al relativismo. A la vez, el reconocimiento de que existen áreas donde esa capacidad de conocer no debe desembocar en la elaboración de juicios o normas absolutas y generales, bien por tratarse de realidades íntimas del ser humano, personalísimas, bien por referir a aspectos que no afectan a terceros.

Aquí radica uno de los fundamentos de la libertad (pero no el único): como nadie puede tener el conocimiento absoluto, nadie debe detentar el poder absoluto sobre los demás.

B) *Ontológicamente*, el liberalismo debe reconocer la existencia de un orden natural, un ser de las cosas, que puede traducirse en un derecho natural.

Aquí avanzamos en un terreno más complejo, precisamente en el cual comenzaron a patinar los pensadores liberales.

Comencemos por despejar todo intento de rechazar un análisis de las teorías del Derecho Natural por sostener que es un concepto teológico y que, sin el apoyo religioso, no sobrevive.

Murray N. Rothbard (1926-1995) un economista y filósofo americano, ateo, se refiere al punto en los siguientes términos:

> La tradición Tomista (…) reivindica la independencia de la filosofía de la teología, proclamando la capacidad de la razón humana para entender y alcanzar las leyes físicas y éticas del orden natural (…) la afirmación de que existe un orden natural… deja abierto el tema de si Dios creó ese orden o no y la afirmación acerca de la viabilidad de la razón para descubrir el orden natural, deja abierta la cuestión de si esa razón es o no don de Dios. La tesis de la existencia de un

orden natural, descubrible por la razón es en sí, ni pro ni antirreligiosa. En la tradición tomista, la ley natural es ética y también física y el instrumento por el cual el hombre capta dicha ley es su razón —no su fe, ni su intuición, ni una gracia, una revelación o algo por el estilo (...) Para el tomista o el teórico del Derecho Natural, la ley general de moral para el hombre es un caso especial del sistema de orden natural que gobierna todas las entidades del mundo, cada una con su naturaleza y fines propios.

Culmina Rothbard:

Si las manzanas y las piedras y las rosas, cada una tiene su naturaleza específica, será el hombre la única entidad, el único ser que no tenga una?

¿Y si tiene una naturaleza, porque ella no puede ser también posible de observación racionar y reflexión?

Si todas las cosas tienen sus naturalezas seguramente la del hombre está abierta a su estudio. El brusco rechazo contemporáneo del concepto de la naturaleza del hombre es arbitrario y a priori (M. N. Rothbard, *The Ethics of Liberty*, p. 455).

Me apresuro a aclarar también que no se trata de un orden cognoscible unívocamente en todos sus detalles e inamovible en el tiempo.

Recordemos que Locke apoyó sus tesis acerca del hombre y la sociedad en la existencia de un derecho natural, para él de origen divino, tomado como un elemento dado, que no se preocupó por explicitar o fundar. En la misma línea, los padres fundadores americanos partieron de premisas que consideraron obvias (*self evident*), para construir sobre ellas el sistema político.

Este es un punto medular. Por un lado, hay quienes sostienen que no es posible aceptar la existencia de un orden básico, natural, si no es a partir de premisas teológicas. Un orden natural sólo puede ser el producto de una creación de origen sobrenatural y sin esa creencia, es imposible demostrar su existencia. Por otro lado, si nos colocamos en esa posición, cualquier estructura que pretendamos construir, carecerá de fundamento consensuado. Precisamente esa es la historia del liberalismo, y de su relativo naufragio.

Algunos pensadores liberales, como Von Hayek, rechazan la noción pero luego, como vimos, el desarrollo de sus tesis la presuponen. Cuando el tema es realmente descartado, como en Gray y otros, veremos que se hace muy difícil mantener en pie la estructura de un pensamiento liberal articulado y coherente.

Vale entonces la pena detenerse sobre este punto: describir qué sería este "orden natural" y si es posible demostrar su existencia.

Recordemos que la noción de un orden natural es anterior al cristianismo. En su formulación nace con los filósofos estoicos, pero con raíces en el pensamiento aristotélico. Esto es importante a la hora de calmar temores respecto a susceptibilidades de adoctrinamientos encubiertos.

Cicerón, seguidor de los estoicos y padre del derecho romano, se expresa así:

> Hay una ley verdadera, la recta razón, agradable a la naturaleza, conocida por todos los hombres, constante y eterna, que invita por sus preceptos a cumplir con el deber, (y) desalienta el mal con sus prohibiciones. No es posible

apartarse de ella sin culpa, no está permitido abolirla ni
es posible derogarla enteramente (citado por Lactantius).

Esta concepción de que un análisis racional del mundo
que nos rodea debe llevarnos a la percepción de la existencia de un orden (que incluye un orden moral), es recogida
por el cristianismo y perdura aun después de la Reforma,
como vimos al recordar la obra de Locke. Pero luego el
pensamiento liberal se siente poco seguro con esta noción,
muy emparentada con la creencia en un Dios creador, o
directamente, como Hume y otros, la rechaza, saliendo a
buscar otros fundamentos, ya no en la observación del universo, sino en el ser humano. De ahí saldrán teorías como
las del egoísmo racional, el utilitarismo, el voluntarismo,
el romanticismo y el existencialismo, que han probado
poca consistencia para soportar estructuras coherentes y
funcionales de moral y política.

Caben desde ya algunas precisiones acerca de las concepciones de orden natural y derecho natural.

1.º– No todos los pensadores que las aceptan lo hacen
exactamente de la misma forma. Hay variantes en cuanto
al grado de detalle que el orden natural tenga o que pueda
percibirse.

2.º– Nadie postula un derecho natural preciso hasta los
más mínimos detalles e inmutable en el tiempo.

La base del concepto está en la razón, desde dos puntos
de vista: la razón cómo parte de la esencia del ser humano
y elemento distintivo de su accionar, y como percepción
acerca del universo.

Así, la esencia del derecho (que emana de ese orden
natural), no será la creación por parte de la voluntad del
legislador, sino la correcta percepción del orden por parte

de la razón del legislador para su formulación explícita mediante un acto de voluntad.

Recurriré al Prof. Javier Hervada (*Lecciones Propedéuticas de Filosofía del Derecho*) que hace una clara síntesis del tema:

> La ley natural. En la teoría tomista la ley natural es aquel conjunto de dictados de la recta razón que mandan aquellas conductas adecuadas a la naturaleza del hombre y prohíben las contrarias. Tal ley es natural, porque es producto de la razón natural, esto es, de la razón en cuanto naturalmente capta las conductas exigidas por la naturaleza del hombre y las que son contrarias a ella. Pero no es una ley inmanente a la razón, cuyo origen primero sea la naturaleza del hombre; dada la condición creatural del hombre y entendidos los seres creados como una participación creada del Ser Subsistente, la ley natural es, para Sto. Tomás, una ley divina, que está naturalmente impresa en el hombre por vía de participación de la ley eterna en la criatura racional, esto es, en el hombre.
>
> Ley impresa en la razón humana sí, pero sería un error –por lo demás frecuente en muchas personas– pensar que lo impreso en la razón natural es el conjunto de preceptos de la ley natural, algo así como en un disco de ordenador están impresos unos textos o unos datos. Una tal visión de la ley natural es completamente ajena a la tomista. Para seguir con el ejemplo del ordenador, lo impreso en la razón natural, según la teoría tomista de la ley natural, es algo así como el *programa* del ordenador, no los textos o los datos.
>
> Para entender esto es preciso comprender la teoría del conocimiento racional que sustentó Tomás de Aquino. El hombre carece de conocimientos (ideas, conceptos,

juicio, etc.) innatos, lo mismo si se trata de la razón especulativa que si se trata de la razón práctica. Al venir a la existencia cada hombre, su entendimiento es *sicut tabula rasa in qua nihil est scriptum*, como una pizarra limpia en la que nada hay escrito. ¿Qué es, entonces, lo innato de la razón? Por lo que atañe a la razón práctica –que es lo único que aquí nos interesa– lo innato es la potencia o capacidad de saberes y juicios prácticos y la virtud de la sindéresis. Por la virtud de la sindéresis, la razón práctica realiza un juicio fundamental –siempre a posteriori, es decir, a través de la experiencia– llamado primer principio, que, por proceder de una virtud innata, es infaliblemente recto (nadie se equivoca en esto): 'hay que hacer el bien y evitar el mal'. Es decir, el hombre, en orden a su conducta, capta unas cosas como buenas y otras como malas. Y capta lo primero como aquello a lo que hay que tender y lo segundo como lo evitando. Sin duda el hombre puede equivocarse al apreciar una cosa como buena o como mala; en lo que no se equivoca nunca es en que actúa siempre por alguna razón de bien prevalente que advierte en una conducta, aunque a la vez capte alguna dimensión de mal en ella.

Como consecuencia de esto, lo innato en el hombre no son los preceptos de la ley natural, sino la capacidad razonadora del intelecto humano y la virtud de la sindéresis.

Como puede advertirse, la ley es una *operación de la razón* (un acto de conocimiento de la razón), que para el Aquinate es de evidencia. Cada precepto de la ley natural es captado mediante un acto de razón y como la razón puede errar, los hombres concretos pueden caer en errores acerca de algún o algunos preceptos naturales; por ello, aunque la ley natural sea universal, el conocimiento concreto de ciertos preceptos puede no serlo.

Un aspecto importante de la concepción tomista de la ley natural es que se trata de un conocimiento no especulativo, sino práctico, porque se refiere a la conducta humana, la cual se produce en unas circunstancias históricas y en relación a materias que son contingentes. Por lo tanto, los preceptos de ley natural no se deducen de la naturaleza humana a modo de conclusiones especulativas o teóricas, sino que su deducción está influida y marcada por la circunstancia histórica de la conducta". (esto quiere decir que las percepciones de los hombres pueden cambiar, por razones históricas o culturales, pero eso no invalida la evidencia vivida de la percepción en sí misma).

Continúa Hervada:

Razón Natural y Derecho Natural. a) Es una afirmación común de la doctrina clásica que el derecho natural procede de la *naturalis ratio*, de la razón natural, de modo que al derecho natural se le ha llamado *ratio naturalis* o *aequitas naturalis* como tuvimos ocasión de ver. Con la apelación a la razón se está poniendo de relieve que el derecho natural no procede de la voluntad humana −eso es el derecho positivo−, sino que es algo *dado*, objetivo, que la razón descubre y conoce como lo adecuado −lo justo− al hombre, no según las construcciones culturales o la estructuración jurídica y social humanas, sino según naturaleza. El derecho natural procede de la razón, porque no es construido, sino descubierto como un factor jurídico existente naturalmente en la realidad humana. Por lo tanto, si el derecho natural no se construye, sino que se descubre o desvela, lo que el hombre hace respecto de él es captarlo, conocerlo, lo cual es propio de la razón.

b) ¿Por qué se habla de razón *natural*? ¿Qué quiere decir natural aplicado a la razón? El adjetivo natural aplicado en este caso a la razón significa tres cosas: 1a. En primer lugar, razón natural significa que no se trata de la razón en cuanto constructiva o inventiva, ni en cuanto razona y actúa según esquemas culturales; la expresión razón natural quiere decir que la razón se limita a descubrir y desvelar directa e inmediatamente la realidad humana sin la mediación de esquemas filosóficos, científicos, culturales, etc. Es pura razón descubridora. Eso no significa que no tenga en cuenta datos filosóficos o científicos, pero en tales casos lo filosófico o lo científico es puro dato, que la razón tiene en cuenta para penetrar más en la realidad humana y conocerla mejor; el derecho natural no es, en cambio, la deducción de un sistema filosófico ni de un sistema científico o cultural. La razón es natural porque observa y desvela directa e inmediatamente el derecho natural desde la realidad humana. En otras palabras, para descubrir el derecho natural el método correcto es la observación de la persona humana, de su dignidad, de todo cuanto está contenido en la naturaleza humana.

Que la razón se ayude de los datos de las diversas ciencias sobre el hombre, es cuestión de datos que favorecen y pueden dar seguridad a la razón en su función descubridora y desveladora, pero en ningún caso la razón deduce el derecho natural de un sistema filosófico o científico. Por eso el derecho natural no es una ideología, ni se relaciona con ningún pensamiento político o cultural. Es independiente de cualquier sistema cultural o ideológico –razón constructiva– y de suyo es común a todos los hombres de cualquier ideología, convicción filosófica, etc. (razón natural).

c) 2a. En segundo término, se dice de la razón que es natural para poner de relieve que descubre el derecho natural según sus luces naturales y no por derivación de presupuestos religiosos. El derecho natural, en sí mismo considerado no es un derecho divino revelado –aunque pueda ser objeto de revelación y de hecho lo haya sido, según las tesis católicas–, que derive de un sistema religioso, de sus dogmas, creencias y convicciones; no procede de la razón *teológica*. El derecho natural en cuanto tal es descubierto y desvelado por la razón según sus luces naturales por la observación y el conocimiento de la naturaleza humana. Por ello es común a todos los hombres con independencia de sus convicciones religiosas; atribuir el derecho natural a una o unas creencias religiosas –como si fuera producto de una fe religiosa– constituye un desconocimiento del derecho natural y su radical desnaturalización.

d) 3a. Por último, que la razón es natural quiere decir que su objeto –el derecho natural– es algo objetivo natural, un objeto de conocimiento naturalmente dado, que no depende más que del puro dato natural; es conocimiento de la naturaleza, del ser humano, con independencia de su estado o condición social, política, etc. Como ya decíamos antes, la razón natural descubre y desvela el deber-ser de la persona humana en sí misma considerada, no en su estado social producto de la historia y de las construcciones culturales, ni en su condición personal o social derivada de circunstancias originadas por el hombre y los eventos sociales y políticos, etc. La razón es natural, porque separa en el hombre lo que hay de agregado histórico-social, político, económico, cultural, etc. y descubre y desvela lo propio de la condición de persona, según está naturalmente dada.

e) En orden a la intervención de la razón en el conocimiento y explicitación del derecho natural debe advertirse que el derecho natural no es una *creación* de la razón, sino un descubrimiento o desvelamiento racional. En otras palabras, el derecho natural no es un conocimiento, sino el objeto del conocimiento de la razón. El derecho natural —derechos, deberes, relaciones, normas— *está contenido* en la naturaleza humana. El objeto de inteligibilidad de la razón para obtener el conocimiento del derecho natural es la naturaleza humana. Conociéndola se desvela el núcleo natural de juridicidad.

f) En su momento se puso de manifiesto que el conocimiento del derecho no es propio de la razón especulativa, sino de la razón práctica. No es excepción el derecho natural. Pensar que el derecho natural se conoce por la razón especulativa mediante deducciones teoréticas a partir de unos principios fue el error capital del iusnaturalismo moderno. El conocimiento del derecho natural es propio de la razón práctica. Esto significa que el derecho natural no es un conjunto de proposiciones racionales de naturaleza teoréticamente universal y necesaria (que es lo propio de la razón especulativa), sino que sus verdaderos enunciados son de suyo *prácticos*, esto es, según lo que se deduce de la naturaleza humana y la consiguiente dignidad en el orden de la vida y de la acción. Ciertamente, al ser la naturaleza humana universal y la misma en todos los hombres, se produce —lo hemos dicho antes— un derecho universal y común, pero esta universalidad debe entenderse en el sentido de que en determinados campos de la acción humana el deber-ser inherente a la dignidad del hombre se revela de la misma manera.

g) En cuanto el derecho natural es un objeto conocido por la razón a través del conocimiento de la naturaleza humana, no está exento de la ley de la progresividad del conocimiento racional. El derecho natural no es un conjunto de conocimientos y juicios innatos, sino deducciones prácticas de la razón natural, al captar el deber-ser propio de la naturaleza humana. Por lo tanto, como sea que la naturaleza humana y la dignidad del hombre son conocidos en sus rasgos más básicos por todos los hombres —producto de la autoconciencia y el conocimiento por connaturalidad—, hay un núcleo básico de derecho natural conocido por todos. Pero el conocimiento más profundo de la naturaleza humana —y con ello el saber más perfecto del derecho natural— es producto del progreso cognoscitivo. De ahí que el conocimiento cada vez más perfecto del derecho natural —en definitiva, de las exigencias de la dignidad humana— esté sujeto a la ley de la progresividad y exige estudio y reflexión, así como el avance de los saberes y de la civilización.

h) Justamente porque el derecho natural no se conoce de modo innato, sino por el proceso de conocimiento racional práctico, está sujeto a los avatares del conocimiento racional.

Caben, pues, errores, insuficiencias, degradaciones, etc., como en cualquier otro conocimiento. Sin embargo, este tipo de eventos es, en el caso del derecho natural, limitado, de modo que sólo caben errores, insuficiencias o degradaciones parciales, que no afectan al núcleo básico y fundamental. Se debe ello a que el conocimiento de la naturaleza humana, en sus rasgos fundamentales, es un co-

141

nocimiento por connaturalidad (conocimiento inmediato sin deducción), el cual es infalible. De ello resulta —como decíamos antes— que el núcleo más fundamental y básico del derecho natural es conocido infaliblemente por todos" (*op. cit.*, pp. 537-541).

Alejado del soporte teológico y aun del filosófico clásico (estoico, ciceroniano), el concepto de orden natural y de derecho natural comenzó a ser cuestionado. Los cuestionamientos básicos son de tres órdenes:

A) Que no es posible conocer tal categoría de pensamiento.

B) Que la experiencia muestra lo ambiguo que llega a ser el concepto de naturaleza y lo cambiante de su percepción según diferentes realidades culturales. La sociología y la antropología nos hablan de sociedades con enormes disparidades culturales, donde las nociones morales también presentan grandes diferencias, aun en materias sustanciales como la vida, la moral sexual, la propiedad, etc., y no puede sostenerse que todas las diferencias sean antinaturales.

Ya en su *Essay on Human Understanding*, el propio Locke, que usó la noción, señala esta dificultad:

Quien recorre con cuidado la historia de la humanidad y mire al extranjero, las diversas tribus del hombre y analice sus acciones con indiferencia podrá satisfacer de que hay pocos principios de moral o regla de virtud que no sea en algún lugar u otro menospreciado o condenado por la moda general de sociedades enteras gobernadas por opiniones prácticas y reglas de vida muy opuestas o aquellas (citado por M.B. Crowe en *The Changing Profile of the Natural Law*, p. 258).

C) Esto nos lleva al tercer flanco de cuestionamiento, la experiencia de la evolución del ser humano y la sociedad aun dentro de los mismos cuadros culturales. Un europeo del siglo XI, para no ir más atrás, no tiene los mismos códigos que uno actual.

Los tres cuestionamientos parten de supuestos atendibles. Las concepciones primigenias del Derecho Natural se ubicaban cómodamente en un universo perfectamente racional, perfectamente cognoscible y perfectamente inmutable. Algo irreal si uno lee detenidamente su obra, ajeno al pensamiento de santo Tomás. Tenemos que encarar esas objeciones. ¿Son suficientes para tirar por la borda toda la concepción de que existe un orden, discernible, que nos da señales acerca de lo que está bien y lo que no? Ya vimos cuál fue históricamente el desenlace de quienes siguieron ese camino. Poco a poco se les desmoronaron los andamiajes elegidos para tratar de sustituir aquello por otros parámetros, que fueran reales, objetivos y aceptables.

Nuestra propuesta es otra, visto ese fracaso: volvamos a analizar la teoría del Derecho Natural, en un contexto realista que reconoce las dificultades que nos plantea la realidad para postular esencias naturales incambiables.

¿Queda algo para rescatar que nos sirva como base de un derecho racional defendible por su contenido, que podamos aspirar a postular como esquema general y objetivo?

Mi respuesta sigue las posiciones modernas que rescatan el concepto del Derecho Natural, en una visión muy próxima a la de santo Tomás. No existe una estructura del hombre y del universo igual en todos los lados y en todos los tiempos. El Derecho Natural no es un compendio completo y detallado de tablas de la ley escritas en granito. Es algo menos "fácil", pero no por ello inexistente. Parte de la premisa de que existe una inclinación obvia en el ser humano a la búsqueda de certezas morales. Ese tiene que ser el punto de partida. No el escepticismo, o el voluntarismo, sea libre ("lo que te parezca"), sea dogmático ("lo que me parece"). No debemos ser pasivos, aceptando el vacío, para pasar así al ejercicio voluntarista del poder. Y esto, en aras de algunos parámetros básicos, no de descubrir códigos enteros, con pelos y señales, sobre el obrar del hombre, en todos los casos y en todos los tiempos.

Es posible discernir racionalmente, con los *caveats* propios de las circunstancias, parámetros (naturales), de bien, de otros. No con garantía de infalibilidad (y menos de inmutabilidad), pero con razonable expectativa de certeza, de "naturalidad". Y ello por lo menos en algunos puntos, básicos para la convivencia humana:

1. Que el ejercicio para alcanzar normas generales de conducta, posibles de ser aplicadas con obligatoriedad, es un ejercicio de razón y no de voluntad.

Es interesante comprobar cómo Von Hayek, que se niega a aceptar la existencia de un derecho natural, coloca, en el centro de su razonamiento acerca de la libertad, la convicción de que, para alcanzarla y preservarla, es esencial volver a la concepción clásica de la ley, seguida por los estoicos y sus seguidores, los jurisconsultos del derecho romano. Para Von Hayek, los liberales franceses erraron el camino, al sustituir el derecho natural y la legislación como un ejercicio descubierto de la realidad, por lo que llama "Constructive Rationalism": la soberbia de creer que el hombre puede y debe hacer la ley, a partir, no de la realidad, sino de su mente y su voluntad. Para Hayek, la ley es un descubrir de normas humanas espontáneas (algo muy parecido al derecho natural que no acepta) y esta noción sólo subsiste en los países de *Common law* (Hayek, *Derecho, legislación y libertad*).

La experiencia ofrece una suerte de "prueba del nueve" en este punto, a través del panorama normativo de muchos países –el nuestro, notoriamente– inundado de normas voluntaristas, que colidan con la realidad generando todo tipo de efectos colaterales negativos y una realidad resultante de pérdida de calidad de vida y de libertad.

Volviendo a Crowe:

> Este es el terreno en lo cual el derecho natural puede jugar su rol (…) Si la meta correcta de un orden legal y la contribución especial de la doctrina es el reducir progresivamente el grado de arbitrariedad en el derecho positivo, entonces, el método del derecho natural es bienvenido, dado que ofrece una regla, una guía para la investigación. Vale la pena recordar que la fijación de límites al ejercicio arbitrario de poder, sea político o legislativo, bien puede afirmarse que constituyó la función histórica del derecho natural.
>
> Por otra parte, el hecho de que el derecho natural cambie no valida el sostener que sea arbitrario. El derecho natural puede asumir normas legales cambiantes, pero eso no implica abandonar la búsqueda de universalidades (…) siempre es posible que las premisas deban ser revisadas, y que nuevas reglas y doctrinas sean necesarias para dar contenido y efectividad o principios de derecho natural,

adoptándolos a nuevas demandas y nuevas circunstancias, nuevas oportunidades (*op. cit.*, p. 278).

2. El segundo plano para el cual es importante rescatar fundamentos racionales propios de un orden natural, es el de los derechos y el de su ordenamiento jerárquico.

Uno de los "defectos colaterales" en que cayó buena parte del pensamiento liberal fue en sustituir la noción aristotélica de una explicación causal del hombre en su *telos*, por su reducción a sujeto individual de derechos, también individuales. Esto, que en los comienzos no pareció generar distorsiones, ya que no modificaba el listado de derechos (muy pocos) y su clara ubicación jerárquica, con los años fue derivando en una verdadera inflación de derechos, adicionalmente sin una ubicación clara y lógica dentro de un orden jerárquico. Causa y consecuencia del legislar voluntarista, es otro de los factores que produce efectos negativos sobre la vida de los seres humanos y de las sociedades.

Hemos llegado a confundir deseo y aspiración con "derecho", cayendo en el absurdo de que, quienes niegan la existencia de un Derecho Natural, son los mismos que militan fervorosamente en favor de aumentar día a día la lista de derechos, argumentando como si fueran algo debido (¿debido a qué?) y obvio. Así se escucha por estos días proclamar el derecho al agua corriente gratis y a la energía eléctrica, junto con la "defensa de los derechos sexuales de los niños" que, a estar por el arma elegida para la tal defensa– una guía emitida por las autoridades de la enseñanza – parece consistir en apoyar a los niños a elegir "su" sexualidad, en función de lo que más placer les dé.

También por esto, es urgente hacer un llamado a la sensatez y a la realidad. Derecho es aquello propio de la naturaleza humana que la persona tiene la libertad de disfrutar, al punto de ameritar la obligación de los demás a respetar esa libertad. Gozar de ventajas obtenidas de los demás a costas de limitaciones y sacrificios podrá ser un desiderátum, pero no es por eso solo un derecho.

3. Emparentado a lo anterior hay un tercer plano en el cual la aplicación de criterios propios del derecho natural evitaría las distorsiones y desvaríos que emergen, tanto de la producción de normas cómo de su interpretación y aplicación.

Me refiero a la práctica, ya tan común que pasa inadvertida, de desconocer uno de los principios consagrados por nuestra Constitución para permitir la limitación o el recorte de derechos. En su Sección II, "Derechos, Deberes y Garantías", prácticamente en todos los casos donde, luego de la declaración de un derecho, se permite su limitación, el constituyente acotó esa desprotección relativa atándola a dos requisitos: que fuera por ley (no dejada al arbitrio de los gobiernos) pero que, a su vez, esas leyes estuvieran condicionadas a "que se establecieran por razones de interés general". Traducido, esto quiere decir que los derechos no pueden ser recortados o limitados por arbitrariedades gubernamentales, pero tampoco legislativas. Sin desarrollarlo expresamente, el constituyente está exigiendo que exista un valor –natural– de rango tal que permite acotar el otro, el derecho.

Pues, al menos en nuestro país, este mandato constitucional ha sido hasta hace poco desconocido, tanto por el Poder legislativo como por la Suprema Corte de Justicia, coadyuvando al pésimo nivel de nuestra exuberante legislación y apenas menor, de nuestra magistratura. Recién en el 2016 aparece la primera sentencia de la Corte tomando el requisito como fundamento para declarar la inconstitucionalidad de una ley.

Esto enraba con la distinción, reiterada por Von Hayek, pero olvidada en nuestra realidad contemporánea, de que una cosa es el procedimiento democrático correcto (la mayoría) y otra muy distinta que su contenido lo sea.

Como anota C. Fay en *Human Evolution: A Challenge to Thomistic Ethics*, el hecho de que el hombre haya evolucionado (y no mutado en formas aleatorias) muestra que tiene una naturaleza y hasta un sentido, diferente a los animales. Hay un límite a la variación.

Nuevamente, Crowe:

> El derecho natural se basa en la naturaleza del hombre; lo moralmente bueno está de acuerdo con la naturaleza humana, tal como existe actualmente, es decir, tal como es afectado por las condiciones de tiempo y lugar. En el transcurso de la evolución bio-cultural, esas condiciones han modificado, aun radicalmente, la naturaleza humana. Impulsos primarios, como aquellos hacia la comida y la actividad sexual, son experimentados de forma diferente, aún por hombres contemporáneos, como consecuencia de diferencias culturales condicionantes.... En general la moral humana tiene su aspecto universal e invariable y su aspecto relativo a tal o cual cultura particular. El conflicto es más aparente que real, ya que es simplemente una consecuencia de ver la naturaleza humana ya sea de forma abstracta y universal (y por tanto unívocamente común a la entera especie humana), o existiendo concreta y realísticamente en personas individuales (y, por tanto, sujeta a evolución bio-cultural, así como a la individualización por la materia). En el primer caso el derecho natural será

invariable, en el segundo, variable, como la naturaleza de la cual depende (Crowe, *op. cit.*, p. 280).

Al decir de santo Tomás: *natura humana mutabilis est.* Pero es. Es, objetivamente, no como a mí me parece o como, si tengo el poder, pretendo obligar a que así sea.

Aun pecando de reiterativo, quiero poner especial énfasis sobre este punto. No es posible sostener, y en esto concuerdo con Gray, una teoría liberal sin un fundamento ontológico de orden natural. Es más, no es posible sostener teoría alguna sin ese tipo de base. La resultante está a la vista, es esa dicotomía, casi esquizofrénica que vemos a nuestro alrededor, de una sociedad que habla en términos asertivos y morales y aun vive parte de su vida en esos carriles, pero cuando debe definirse cae en el más absoluto relativismo, con sus consecuencias de anomia, pérdida de valores, fractura social…

Otra vez: ocurre con frecuencia que quienes se niegan a admitir la existencia de un orden natural y de un derecho natural son los mismos que se ven a sí mismos como los más fieles custodios de los derechos humanos y persistentes cruzados en su ampliación, haciendo para ello pie en argumentos de evidencia o de autoridad, en este caso recurriendo a la Declaración Universal de los Derechos del Hombre de 1948, que rebosa de iusnaturalismo.

D)*Antropológicamente*, el liberalismo que postulamos, consecuente con su posición acerca de la existencia de un orden básico, en el universo y en el hombre, considera que es posible discernir en este último, ciertas metas básicas que, a su vez, proyectan consideraciones generales en materia ética y política.

Para empezar, el liberalismo (todo él), considera al ser humano el núcleo moral básico, poseedor de razón y por ende capaz de resolver por sí.

De ahí se desprenden consecuencias muy relevantes que integran el cerno del pensamiento liberal. Ese ser racional, único en el universo, es el núcleo moral básico y tiene, por ambos motivos, a la libertad como un derecho básico.

No hay otro organismo moralmente superior al hombre, que pueda colocarse por encima de él y del cual aquel sea un adjetivo o un apéndice. Esta no era la concepción aristotélica, que consideraba al hombre como parte integrante de algo superior, la *polis*, ni la de Rousseau, que ponía por encima de todo a la voluntad general, ni de Marx, que lo subsumía en el partido, o del nazismo en el III Reich.

Para el liberalismo, y esto es fundamental, no hay entidad moral por encima del ser humano. Lo que implica sostener que su libertad, parte integrante de ese núcleo moral, nunca puede subsumirse, y cuando sí deba limitarse, esas limitaciones deben tener un contenido moral equivalente, emanado del propio individuo (no hacerse mal a sí mismo) o de otros individuos, moralmente equivalentes (no hacer mal a otros).

Al mismo tiempo, el liberalismo no cree que el hombre sea un dios, y por eso desconfía de quienes se entusiasman excesivamente en ese camino. Por eso es prudente a la hora de crear instituciones y marcos de conducta, convencido, a la vez, de la bondad del ser humano y de su falibilidad.

Así enmarcado, el liberalismo considera que, como principio general, el hombre es el mejor juez de sí mismo, lo que añade un argumento más de tipo práctico a los fundamentos de la libertad. Esto no significa, a mi modo de ver, justificar teorías pseudo filosóficas sobre supuestas motivaciones virtuosas del egoísmo racional o de la infalibilidad del mercado. Simplemente que la falibilidad del ser humano, que debe llevar a la prudencia, es más peligrosa cuando se traduce en imponer cosas a otros que cuando decide sobre sí mismo.

Por último, el liberalismo también cree que la única forma de progreso para el ser humano y la humanidad en su conjunto, proviene de la creatividad del hombre. Para lo cual la libertad es esencial.

Una digresión importante: creo que hay que distinguir libertad de individualismo.

Ya sostuvimos que una de las consecuencias del rechazo de las filosofías aristotélica y tomista, es haber abandonado la teoría de la causa final. En aquellas, todo, incluyendo el hombre, se explica no sólo por su origen (causa eficiente), sino también, y muy fundamentalmente, por su fin, su causa final. Lo que da sentido a las cosas, y sobre todo al ser humano, es su *telos*, aquello a lo que debe llegar desde su punto de partida. Para el ser humano y para la sociedad en la que, naturalmente vive, ese *telos* se transforma en el Bien Común.

Cuando, ya en Locke, el liberalismo deja eso de lado, sustituye, en cuanto al sentido del hombre, su individualidad, y el Bien Común pasa a ser una suerte de agregado de derechos individuales, llegando, en algunos pensadores a la tesis de que no hay otro punto de llegada que el producido por el desarrollo de los derechos individuales. El Bien Común no existe o, si existe, no es cognoscible. Tal es la posición de liberales como Mises y Hayek.

Este camino filosófico ha expuesto al liberalismo a la crítica de fomentar el individualismo, en detrimento de la comunidad, en definitiva, del bien común, transformándose en la filosofía del egoísmo.

Cuando esto se trasvasa al campo de la economía, sustenta la polémica entre las posturas de corte socialista –solidarias, que suelen terminar en crecimiento de estatismo y la planificación– y los libertarios, que sueñan con la vuelta al Estado juez y gendarme.

E) *Políticamente*

De la concepción antropológica, ingrediente del correcto pensamiento liberal, se sigue la concepción política liberal que coloca a la libertad del ser humano en lo alto de su escala de valores.

También en este punto, la historia del liberalismo muestra posiciones diferentes, desde un extremo absolutista, hasta posturas que desdibujan o diluyen el principio de libertad.

En términos teóricos no es difícil elegir dónde alinearse: yo me afilio a la concepción que otorga a la libertad un valor fundamental. Pero no absoluto. Lo cual se dice fácil, pero es muy difícil de definir en forma práctica y útil.

Para empezar, creo que es posible (y necesario) discernir una jerarquía entre los distintos valores y derechos que hacen al ser humano y se relacionan en la vida en sociedad. Desde ya que esa suposición no implica la posibilidad de establecer una suerte de escala de Richter, que ubique jerárquicamente toda la lista con los distintos valores y derechos. Pero sí debe llevarnos a no creer en entreveros, tanto por la equiparación de derechos claramente diferenciables en su entidad, como por la tendencia contemporánea de proclamar todo pataleo como derecho, (para buen ejemplo, en estos días se está promoviendo el derecho humano a la energía eléctrica).

Entonces, avanzando con prudencia, pero también con lógica, dentro de la concepción antropológica que debe sustentar el liberalismo, el derecho a la vida debe colocarse en lo más alto y lo debe seguir el derecho a la libertad.

¿Significa esto que en ninguna hipótesis es posible desconocer o renunciar estos derechos?

No. Pero sí significa que, para relegarlos, primero, se requiere de motivos muy poderosos y superiores, y también que las renuncias a estos derechos deben ser explícitas, en su justificación y en sus consecuencias como precedente.

Avanzando en la profundización de cómo debe jugar el principio de libertad en la convivencia política, reconozcamos algunos mojones:

1. El respeto por la libertad del ser humano se basa, filosóficamente (hay fundamentos teológicos aún más potentes), en el respeto por el orden natural en el que el hombre ocupa, por su razón, un lugar único y preeminente. Pero también por la experiencia histórica de las consecuencias que producen las concepciones políticas que se colocan por encima del individuo. La historia ofrece un muestrario amplísimo de ello: desde la esclavitud y la subsunción del hombre a la *polis* espartana, a figuras más sofisticadas, como el imperio de la voluntad general, las dialécticas hegeliana y marxista.

2. Esa facultad única del ser humano, que sustenta su derecho a la libertad, no es en el pensamiento liberal algo absoluto, ni está colgado en el vacío. Es una facultad y un derecho que se enmarcan en una realidad: la convi-

vencia entre los seres humanos dotados de tal facultad y tal derecho. Marco que, en la concepción liberal, está dado por la ley. La expresión correcta del concepto la dan los liberales anglosajones: no es libertad a secas, es "*liberty within the law*".

3. La concepción liberal del ser humano está dada por el principio de igualdad ante la ley: ¿Por qué la ley? Porque es la garantía de la libertad. ¿Cualquier ley? ¿Qué ley?

Es otros de los mojones fundamentales del pensamiento liberal.

Contemporáneamente nos hemos habituado a considerar ley todo aquello que es producido siguiendo los requisitos y procedimientos establecidos (mayorías legislativas, promulgación, etc.), pero el liberal −sin desconocer lo que manda el derecho positivo− distingue lo que realmente es una ley por su contenido. Cuando dice que la libertad del hombre en sociedad no es la simple ausencia de todo límite, sino la que se enmarca en la ley, tiene un concepto muy claro acerca de qué es esa ley: es el producto de la razón humana aplicada al análisis de la realidad, generada democráticamente, abstracta, general, creada por quien no lo aplica y aplicada por quien no la crea −a todos, inclusive a los legisladores y a los gobernantes. Esa es la ley que enmarca, pero que también protege y garantiza, la libertad. Nuevamente: la ley es fruto de la razón enfocada a la realidad, no de la sola voluntad abstracta del legislador.

Esta concepción se fue consolidando históricamente en la decisión de dotar a la sociedad −nación de un marco legal superior, que diera la máxima garantía en cuanto a coherencia y permanencia del encuadramiento político y moral. Lo que, a partir de la revolución americana se ha ido generalizando bajo el nombre de Constitución.

¿Qué sentido tiene esto de fijar las reglas básicas de la convivencia de una forma que perduren en el tiempo y, en principio, deban quedar por fuera de mudanzas?

Analizando el fenómeno históricamente, no todas las creaciones constitucionales respondieron exactamente a las mismas motivaciones. La constitución de Atenas, la Carta Magna inglesa, las constituciones norteamericana y francesa, las latinoamericanas, todas nacen en contextos diferentes. Algunas como salvaguardas frente al absolutismo, otras para organizar sociedades que habían roto sus lazos institucionales con sistemas monárquicos... Pero es dado observar que se centran en pocos aspectos: salvaguardar derechos, crear instituciones y regular las grandes líneas de la convivencia social y política.

En su *The Constitution of Liberty*, Von Hayek atribuye a los padres fundadores americanos el haber "descubierto" que el régimen inglés, desprovisto de una constitución estructurada, permitió el desborde de poder del parlamento, lo que, a su vez, fue la causa de la revolución americana, Eso fue lo que los llevó a crear una constitución articulada y comprensiva:

> Fue sólo cuando descubrieron que la Constitución Británica, en cuyos principios habían creído firmemente, tenía poca sustancia y no podía protegerlos efectivamente de las pretensiones del Parlamento, que concluyeron en que el fundamento que faltaba debía ser suplido. Consideraron como doctrina fundamental que una "constitución fija" era esencial a todo gobierno libre y que una constitución significaba gobierno limitado (...) Para los colonos, libertad

155

quería decir que el gobierno debía tener poderes sólo para aquellas acciones que fueran explícitamente requeridas por la ley, de forma tal que nadie pudiera detentar poderes arbitrarios (...) La constitución fue así concebida como una protección para la gente contra toda acción arbitraria, sea del legislativo, como de cualquier otra rama del gobierno (...). De la manera en que queremos impedir que el Juez infrinja la ley para alguna razón particular, también queremos impedir a la legislatura que infrinja principios generales para satisfacer finalidades temporarias e inmediatas (*The Constitution of Liberty*, pp. 177 ss).

Después, con los años, el devenir de muchas constituciones se ha ido deformando, sea por intentos de adaptación o aprovechamiento político, sea por las tentaciones voluntaristas hacia la inflación de los derechos. Pero, aun así, en el mundo contemporáneo, cuando se habla de democracia liberal, se está pensando en democracia constitucional.

En definitiva, la constitución es aquella ley máxima que asegura la libertad y es también la que asegura el principio básico de la Democracia: la igualdad ante la ley.

Dice Von Hayek, y dice bien, que es en este punto, la igualdad ante la ley, que se tocan liberalismo y democracia. Se tocan, no se fusionan ni, mucho menos, confunden.

Como vimos, para Von Hayek: "El liberalismo es una doctrina acerca de lo que la ley debe ser, la democracia, una doctrina acerca de la forma de determinar qué será ley" (*op. cit.*, p. 96).

Comparto en lo fundamental las distinciones que hace Von Hayek entre democracia y liberalismo: aquella privilegia el procedimiento y la forma, este el contenido; uno privilegia la libertad defendiendo el principio de igualdad ante la ley y negando todo otro tipo de igualdad impuesta externamente, la otra pone el principio de la mayoría en el centro de su fundamento y a la igualdad como parte de su espíritu.

El tema está en que el punto de encuentro es, a la vez, eje de tensión. Entre forma y fondo y también entre libertad e igualdad. En definitiva, la Democracia es un fenómeno de equilibrio inestable, o por lo menos tensionado, entre esos dos polos que, además, ha ido corriendo su eje a lo largo de los años.

En los comienzos del pensamiento liberal (y de la democracia moderna), el punto no levantaba mayor polémica, ya que la igualdad preconizada era la formal: todos iguales ante la ley. Lo que era, por otra parte, el resultado del otro principio: libertad, es *liberty within the law*.

Pero la historia política de la humanidad, al menos de lo que genéricamente se llama Occidente, es la historia de la evolución de los dos polos: de la libertad y de la igualdad.

Frente a la concepción clásica de la libertad como simple ausencia de constreñimientos externos, crecerá la crítica: ¿a mí de qué me sirve la libertad "de", si no tengo nada, vivo debajo de un puente, no tengo futuro… etc.? La verdadera libertad debe tener contenido, ser más que la mera ausencia de violencias: tiene que ser libertad para. Para poder desarrollarme. Y eso, ¿cómo se consigue? Si yo no tengo los elementos para poder ejercer efectivamente (positivamente) mi libertad, el responsable público, gobierno, estado, lo que sea, tiene la responsabilidad y la obligación de proveérmelo. ¿Cómo? Pues de la única manera posible: sacándoselo a otros. Mi "verdadera" libertad pasa a implicar la pérdida de libertad de otros.

Algo semejante ocurre con la igualdad. Aquella inicial, ideal de los oprimidos por las monarquías autoritarias, la igualdad ante la ley, el fin de los privilegios, etc., empieza a perder su atractivo, si resulta que el hecho de que la ley me trate igual a aquellos que tienen bienes, educación, salud, etc., lo que hace es dejarme atrás en la carrera.

Otra vez, si no tengo nada, ¿de qué igualdad me estás hablando? La verdadera igualdad debe ir más allá de la formal, debe ser igualdad material.

Lo que, claro está, sólo puede alcanzarse sacándole a los demás.

Como dijimos, la Democracia es una tensión permanente entre libertad e igualdad: cuando se inclina hacia una, la otra se disminuye y esa tensión pone al liberalismo en dificultades: o se coloca en el extremo de la libertad, para no caer en renuncias y contaminaciones, como postulan los libertarios, pero en tal caso se aparta de la realidad e invita al rechazo, o debe desprenderse de las certezas y buscar el punto de equilibrio entre ambos polos. Punto de equilibrio que, además, es móvil. A lo largo del tiempo, se va corriendo. De hecho, la historia de la Democracia es un camino que va de la libertad a la igualdad. No se conoce la experiencia inversa.

No creo que haya una fórmula matemática para descubrir el punto justo del equilibrio y, lo que, es más, tampoco sirven los intentos teóricos de recetar. La realidad muestra que hay sociedades donde el punto se sitúa exageradamente del lado de la libertad, consagrando desigualdades ofensivas y otras, en las que el egalitarismo material ha arrinconado a la libertad con nefastas consecuencias.

Sin creer haber descubierto la pólvora, me parece que se deben reconocer ciertos hitos:

a) Que, en el equilibrio dinámico entre igualdad y libertad, ínsito en el funcionamiento de la Democracia, tiene que haber un ingrediente de igualdad de trato. Aquello que impactó a Alexis de Tocqueville cuando su visita a los Estados Unidos y que Wilson Ferreira parafraseaba recordando una historia del profesor Pivel Devoto, de un muchacho, changador en el puerto de Montevideo, que aconseja al viajero no seguir a Buenos Aires: el Uruguay es mejor "porque aquí, naides es más que naides".

b) En otro plano, debe reconocerse que la desigualdad está en la naturaleza. Alcanzar una perfecta o aun cuasi perfecta, igualdad material, es imposible.

c) Lo que debe llevar a la consideración de otro punto: ir contra la realidad puede (y suele) tener consecuencias negativas.

d) Tienen razón Von Hayek y sus compañeros liberales, cuando sostienen que las sociedades progresan empujadas por la creatividad (y el riesgo), elemento claves de la libertad. Como la Vuelta Ciclista, el ritmo no lo da el pelotón, sino los punteros.

4. Lo veremos más adelante en detalle, pero este dilema aterriza en la vida económica de las sociedades y se materializa en el tan manido debate sobre el mercado: sí/no; cuánto, etc.

La experiencia histórica, sobre todo después de la caída del Muro de Berlín, ha zanjado la polémica acerca de las consecuencias nefastas que se siguen cuando se pretende sustituir los mercados por iluminismos planificadores.

Pero eso no destruye totalmente aquella posición de John Stuart Mill, quien sostuvo que, si bien, es indiscutible la necesidad del mercado en el campo de la producción, aquel no siempre funciona bien como mecanismo de distribución. Eso significa que no nos vamos a librar de la polémica, pero por lo menos podemos ubicarla donde corresponde. Más sobre esto luego.

Como no sería honesto dejar la cosa por acá, sin jugarme por alguna opinión que fije posición, debo decir que comparto la visión que ve en el egalitarismo material una corriente que choca con la realidad, (y ambienta el fenómeno de la envidia, muy prevalente en nuestra época), pero eso no me lleva a abrazar el extremo del liberalismo individualista, correctamente acusado de egoísmo. Creo que el objetivo no debe ser la igualdad material, pero sí la mejora del ser humano y que, con las dificultades propias de la casuística que nos presenta la realidad, se justifica limitar (fundada y democráticamente) la libertad individual para atender situaciones humanas carenciadas y aun de flagrantes desigualdades. ¿Cuánto? Nadie puede decirlo de antemano, pero eso no invalida el criterio, ni desdibuja las diferencias que tiene con el ideal de la igualdad material. Las realidades que encarnan dolor o flagrantes injusticias deben motivar la búsqueda de, por lo menos, paliativos, pero eso no es lo mismo que erigir la igualdad material como objetivo y, mucho menos, de fogonear argumentos basados en el odio o en la envidia.

Estos parámetros de libertad e igualdad, de la misma forma en que, bajando al terreno de la economía, alimentan la eterna polémica mercado-estado, en materia política también se enzarzan en la discusión acerca del tamaño del Estado o del espectro de competencias del gobierno.

En los tiempos que corren estamos presenciando fenómenos políticos muy peculiares: el Brexit, Trump, Bepe Grillo en Italia, Pablo Iglesias en España, el dúo Macron–Le

Pen en Francia… y otros más. Todos tienen características diferentes, pero todos responden a una corriente más o menos virulenta, de reacción, de rechazo al funcionamiento de la democracia, que desemboca en votaciones castigo y el surgimiento de *outsiders*. De signos políticos, diversos, pero todos *outsiders*.

Eso habla a las claras de la existencia de insatisfacciones profundas con el funcionamiento de sistemas democráticos. Mucho se discute acerca de cuáles son las causas del fenómeno y su relativa incidencia. Las hay del lado de la oferta (son las más comunes): la culpa la tienen los partidos y los políticos: inútiles, corruptos, charlatanes, etc. Es una argumentación tentadora y algo de razón hay en ella, pero no creo que explique todo el fenómeno. Uno puede discordar con Cameron y Obama, pero la realidad de ambos gobiernos no parece justificar lo radical de la reacción.

Hay causas que son propias de la Democracia, estructurales. Los criterios de selección, tanto de electos como de electores, no son los de la eficiencia, pesan otros factores, por lo que no deben esperarse resultados constantemente eficientes. La Democracia, de cierta forma, se basa en la crítica, y si bien esta es una manifestación de la libertad de expresión, necesidad y virtud en la Democracia, tiende a desgastar y a generar descrédito, lo cual, con los medios modernos de comunicación, se potencia enormemente.

Hay más, pero para mí el factor relevante que subyace al desencanto contemporáneo con el sistema democrático, está en el Estado.

Hoy en día quizás no se distingue corrientemente entre Democracia y Estado. Sin embargo, son entidades distintas, que nacieron históricamente en tiempos diferentes. Pero, eso sí, desde hace mucho tiempo, conviven estrechamente.

La Democracia moderna (que difiere mucho de la clásica) nace como un instrumento concebido para lidiar con pocos temas, en beneficio de pocos actores: La Glorious Revolution gestó una institucionalidad cuyo sentido era la protección de ciertos derechos básicos: vida, libertad y propiedad. No fue pensada para producir resultados materiales.

Tampoco fue pensada para funcionar con muchos actores. Por el contrario, las instituciones democráticas estaban en manos de quienes eran considerados aptos para manejarlas y proclives a hacerlo, por sus intereses. Brevemente, hombres de propiedad, sin defectos (físicos, psicológicos o morales).

Esa realidad fue evolucionando, en un proceso de ampliación a dos puntas: la incorporación de nuevos actores, que, a su vez, traían nuevos intereses y nuevas expectativas.

El proceso tuvo un salto muy importante como consecuencia de las dos Guerras Mundiales, desembocando en una enorme ampliación de los padrones cívicos (mujeres, trabajadores, baja de la edad para votar, etc.), que trajo paralelamente un cúmulo de nuevas exigencias a los sistemas democráticos y sus gobiernos: seguridad social, salud, trabajo, vivienda... etc.

Frente a esa realidad, de expectativas mayores y siempre crecientes, las democracias echaron mano del Estado, como herramienta fundamental de solución, y así este fue creciendo de manera prácticamente ininterrumpida. El proceso recibió, además, otros impactos luego de las mencionadas guerras: en parte del mundo (creciente hasta los 60) las ideas de corte marxista, y en casi todo el resto, el triunfo de las teorías keynesianas y de la planificación, instrumento fundamental para el esfuerzo bélico, que perduró luego de terminado el conflicto. Así, con características algo diferentes, en casi todo el mundo se vivió una enorme expansión del Estado, buscado como promesa de solución a la expansión de expectativas (frecuentemente transformadas en derechos).

El sistema funcionó, a veces mejor, otras no tanto, hasta las últimas décadas del siglo XX, pero desde entonces viene mostrando un proceso de rendimientos decrecientes, dejando al desnudo la insatisfacción y la bronca de la gente. Insatisfacción y bronca que, por no distinguir una cosa de la otra, apuntan al sistema democrático, que, si bien tiene problemas de adaptación, no es el cerno de la cosa. Se le endilgan a la Democracia fallas que son del Estado.

En este punto, y como consecuencia secundaria de las diferencias de enfoque que vimos entre liberales y demócratas, aquellos tienen –a mi juicio– una visión bastante más ajustada de la realidad, reivindicando su viejo postulado del gobierno acotado o limitado.

Varios son los argumentos que el liberalismo ha esgrimido en favor de un gobierno y de un Estado limitados. En sus comienzos, el foco estaba, lógicamente, en limitar el poder del gobierno, como requisito necesario para la protección de los tres derechos básicos, pero con los años, se fueron sumando otros argumentos, menos filosóficos y más prácticos, nacidos de la experiencia de la acción del Estado sobre la vida en sociedad. Desde Von Mises y la Escuela Austriaca, que señalaron la cuasi imposibilidad de conocer toda la realidad, premisa de las corrientes planificadoras a manos de un estado central, hasta las evidencias de totalitarismo, corrupción e ineficiencia, que producen los estados y sus burocracias, siempre deseosas de crecer y de reglamentar.

163

La crisis de la Democracia contemporánea avala esta posición del liberalismo: los intentos por reformar, ("convertir"), a los aparatos estables tienen un éxito muy relativo y siempre con tendencia a revertirse.

Los males de un estado sobreabarcativo, que generan reacciones contra los gobiernos y los sistemas democráticos, requieren de menos gobierno, en los campos donde se ejerce por la vía del estado y de manera innecesaria, para renovar el prestigio de las instituciones básicas de la democracia.

Vayamos al último plano en el que decanta este análisis del liberalismo que queremos (al menos que yo quiero).

F) *Económicamente*

1. Introducción

Es el plano en el cual, contemporáneamente, el liberalismo es más visible –y más polémico. Dentro de él probablemente los dos ejes de discusión más relevantes sean el derecho de propiedad y el de libertad, que se traduce, fundamentalmente en la iniciativa privada con su articulación a través del mecanismo del mercado (o, mejor, de los mercados)

Pero antes de adentrarnos por esos caminos, una observación que me parece de interés (y justicia). En nuestros tiempos, y probablemente por mérito de la izquierda –que si en algo se destaca es en el manejo de los relatos–, el liberalismo es acusado (con éxito) de ser conservador y aristocrático. Bueno es entonces recordar que en su sentido y sus orígenes, fue precisamente, lo contrario.

Como bien señala Ryan: "El liberalismo tiene una afinidad natural con la meritocracia, se siente atraído por una aristocracia del talento y es crítico de una aristocracia por nacimiento" (*op. cit.*, p. 65)

El liberalismo nace como una fuerza contraria a las estructuras conservadoras de su tiempo, procurando mejorar la condición externa del ser humano en base a romper con los privilegios y permitir el desarrollo en libertad, camino para mejorar al hombre en su conjunto.

2. El derecho de propiedad

Es en este punto donde el derecho de propiedad juega su rol fundamental. No como instrumento material de riqueza, sino como elemento esencial para apoyar efectivamente la libertad y sobre ella el desarrollo de la persona.

En sus orígenes, para el liberalismo, aun unido al cordón umbilical del cristianismo, tanto el ser humano como lo que lo rodea son obra y propiedad de Dios, para cumplir con sus causas finales, su *telos*. Así los seres humanos, para cumplir su fin, tienen a disposición el resto de la creación y deben hacer uso de ella, también según su *telos*. El hombre no puede cumplir adecuadamente su misión si no hace suyas aquellas cosas necesarias a su fin (comida, bebida, etc.)

> Es sobre estas bases que Locke ensaya su teoría de la propiedad, con más sentido práctico que coherencia filosófica, como es su estilo.

Sigamos otra vez a Ryan en este asunto:

> Debemos empezar por la concepción que Locke tiene sobre los derechos. Locke evidentemente arranca por el

lado de los deberes, más que de los derechos. El diseño de Dios para su creación nos confiere deberes y nos encarga tareas, debemos por lo tanto tener los derechos necesarios si vamos a cumplir esos deberes (…) Estamos obligados a preservar la vida y por tanto debemos tener el derecho a aquello que es necesario para preservar la vida; esta es la forma en la cual el deber de preservar la vida está detrás del derecho a apropiarse de propiedades. Para nada es una concepción egoísta de derechos. Cada cual, en la medida en que está obligado a su propia preservación y a no abandonar voluntariamente su situación en la vida, por las mismas razones, cuando su auto preservación no entra en competencia, debe, en todo lo posible, preservar al resto de la humanidad y no puede, salvo para hacer justicia sobre un ofensor, retirar o afectar la vida o lo que tiende a la preservación de vida, libertad, salud o vienes de otro (Locke, *op. cit.*, 2:6).

Es interesante esta tesis de Locke, que lleva, entre otras cosas, a una concepción muy especial sobre el gobierno. Ryan: "… no es que el gobierno tenga el derecho de aplicar la ley natural si le parece conveniente, sino que el gobierno tiene el deber de aplicar la ley…".

A la luz "de esta visión del deber detrás del derecho, la adquisición de propiedad es el cumplimiento de un deber y sólo por tal motivo el ejercicio de un derecho".

El sentido del argumento de Locke es insistir sobre el uso como base moral de la propiedad (…) La misma ley de la naturaleza que por estos medios nos da Propiedad, también limita esa Propiedad (…) ¿Qué tanto? Tanto como cada uno puede hacer uso para su beneficio antes de estropearlo, tiene derecho, por su trabajo establecer una Propiedad (Ryan, *op. cit.*, pp. 235 ss).

Rothbard explica a Locke de la siguiente manera:

> Claramente, si toda persona tiene el derecho de propiedad sobre su propio cuerpo y si debe usar y trasformar objetos materiales, naturales, para poder sobrevivir, entonces tiene derecho a ser propietario del producto que, por su energía, y esfuerzo ha convertido en una auténtica extensión de su personalidad (*op. cit.*, p. 48).

Aquí podemos ver, en medio de las imprecisiones de Locke y su preferencia por soluciones prácticas, dos elementos:

a. el concepto de que el sentido y la justificación de la propiedad está dado por su uso, al tiempo que lo que "sacramenta" el derecho, lo que transforma algo público en algo mío, es mi trabajo aplicado al bien en cuestión. Esto último parece más una intuición que la conclusión de un razonamiento a partir de premisas. Intuición que reaparecerá varias veces y en diferentes pensadores (Smith, Ricardo y hasta Marx), como fundamento de la teoría económica del valor. Lo segundo, la concepción de que, mucho más que en el caso de los otros dos derechos básicos, la propiedad es, en su esencia, un derecho acotado. Los problemas vendrán después, para ponerse de acuerdo acerca de cuáles pueden ser las limitaciones aceptables y cuáles no. Ya volveremos sobre esto.

b. Para terminar con el pensamiento de Locke acerca del derecho de propiedad, si bien nunca lo explicita concretamente, Locke consideraba a la propiedad como un elemento necesario para el ejercicio de la libertad y el desarrollo del ser humano. Para ser plenamente hombre y plenamente libre, el hombre debe tener una razonable autonomía e independencia material.

Es necesario, pues, fijar posición en este tema de la propiedad, aun cuando, como ya hemos visto, la misma no podrá ser de tipo absoluto.

Para comenzar, despejemos la cancha de algunos extremismos. Ya vimos que no es posible sostener una concepción del derecho de propiedad que lo coloque al tope de la escala jerárquica de los derechos, con preeminencia sobre todos los demás. Tampoco son aceptables para el liberalismo las concepciones marxistas de la propiedad común (termina siendo estatal) de los medios de producción, o de los populistas del siglo pasado (y algún contemporáneo que no se enteró del paso del tiempo), acerca de la llamada propiedad social de la tierra. En ninguno de los dos casos hay fundamentos filosóficos para sustentarlos, y en cuanto a los económicos, la experiencia ha sido abundante en cuanto a su fracaso. Aun las formas voluntarias de propiedad compartida, como son las cooperativas agrarias y similares, tienen una performance bastante despareja.

Despejados los extremos, podemos sostener que el derecho de propiedad es algo natural al ser humano, avalado por la historia, que sustenta razonablemente la actividad económica de la sociedad. Todo lo cual permite su consagración como derecho individual básico, pasible de ser regulado en forma satisfactoria. Dicho lo cual, la experiencia también demuestra que existen otros derechos o valores con méritos suficientes como para reclamar, dadas ciertas circunstancias, la limitación y aun sustitución (que no mera eliminación) de aquel derecho. Como también demuestra la experiencia que ese juego de pesos relativos ha cambiado con el tiempo y puede volver a hacerlo. Así, por ejemplo, las limitaciones al derecho de propiedad fruto de exigencias ambientales, es algo relativamente reciente y en aumento.

¿Qué parámetros pueden postularse para aterrizar estas limitaciones? En primer lugar, que se deben esgrimir derechos de relevancia igual o superior a la propiedad, sea por su contenido (p. ej. propiedades que afecten la vida) o por su espectro numérico (p. ej. una propiedad que impide el desarrollo de una zona poblada o productiva), o ambos.

En segundo lugar, debe afirmarse que los renuncios exigibles al derecho de propiedad deben, en todos los casos –salvo excepciones justificadas en la imposibilidad– ser compensados.

3. La libertad económica

Ocupa el centro del pensamiento liberal en materia económica, mucho más que la defensa de la propiedad, aunque ambas estén vinculadas.

Nuevamente, aquí los argumentos tienen dos vertientes, la filosófica y la práctica.

Como es obvio, la defensa de la libertad en materia económica desemboca en la defensa del mercado como expresión práctica de aquella, y es ahí donde la polémica se ha centrado.

Los argumentos filosóficos son los ya vistos, basados en el orden natural, tanto referidos al ser humano como a su organización en sociedad. En definitiva, la defensa del mercado es, en última instancia, la defensa del derecho a la libertad y al derecho de propiedad.

Sobre este punto, comenta Gray en su *Liberalism*:

Para todos los pensadores liberales clásicos, un compromiso con la libertad individual implica avalar las instituciones del derecho de propiedad y del mercado libre. Para ellos, la propiedad privada y su corolario, el mercado, juegan un rol fundamental en constituir y proteger las libertades básicas de la persona.

He sostenido que la propiedad privada es una garantía de autonomía individual: pero, ¿qué hay de los que no tienen propiedad alguna? Debe también observarse, sin embargo, que si bien una persona sin propiedad a su nombre, es menos autónomo en una sociedad libre que el propietario, aquél sigue siendo más autónomo de lo que sería en una sociedad cuyos activos productivos fueran propiedad colectiva.

(…) aun cuando es cierto que la propiedad privada fortalece la autonomía de quienes la detentan, la libertad generada por el derecho de propiedad privada no se limita a aquella disfrutada o ejercida por quienes la detentan. Aquellos integrantes de una sociedad que respeta el derecho, aunque no detenten propiedades sustanciales, disfrutan de un grado de autonomía que le es negada a cualquiera en un sistema comunal, en el cual no se puede tomar ninguna decisión importante sin el consentimiento general. Verdaderamente, hasta el más destituido en un sistema de propiedad privada es más autónomo que la mayoría de las personas en un sistema colectivista (*Liberalism*, pp. 61 ss).

A esas bases, el pensamiento liberal sumó, notoriamente desde Adam Smith, otras con connotaciones más prácticas. Dejando de lado las teorías del derecho natural, aunque sin negarlas o combatirlas, Smith se inclinó hacia el camino iniciado por Hobbes, postulando en el ser humano unas estructuras psicológicas que lo llevan a buscar –con razonable éxito– su bienestar. El famoso egoísmo racional del liberalismo anglosajón. Al mismo tiempo su piedra angular y su talón de Aquiles.

Así resume Eric Roll, en su *A History of Economic Thought*, la base del pensamiento de Adam Smith:

> (…) es apoyarse sobre lo que es natural, por oposición a lo que es fabricado (CONTRIVED). Implica una creencia en la existencia de un orden natural inherente (como sea que se pueda definir), que es superior a cualquier orden creado artificialmente por la humanidad.
>
> La conducta humana, según Smith, se activa naturalmente por seis motivos: amor por uno mismo, simpatía, el deseo de ser libre, un sentido de propiedad, un hábito de trabajo y la propensión a comerciar. Dados estos resortes de la conducta, cada persona es naturalmente el mejor juez de su propio interés y se debe, por tanto, dejarlo libre para que lo persiga a su manera. Si no se interfiere con él, la persona no sólo alcanza su mejor beneficio, sino que también contribuye al bien común. Este resultado se alcanza porque los diferentes motivos de la conducta humana están tan cuidadosamente balanceados que los beneficios de uno no pueden entrar en conflicto con el bien general.
>
> Fue su convicción acerca del balance natural de las motivaciones humanas que llevó a Adam Smith a pronunciar su celebrado dicho, que al perseguir su propia ventaja cada individuo es "conducido por una mano invisible o promover un fin que no formaba parte de su intención".

La consecuencia de esta convicción en un orden natural es que el Gobierno rara vez puede ser más efectivo que cuando es negativo. Su intervención en los asuntos humanos es generalmente dañina.

En ese esquema, la libertad de comercio juega un rol fundamental. "El intercambio hace posible la satisfacción al mismo tiempo de (los) intereses individuales".
Es una máxima de todo prudente padre de familia, el jamás intentar hacer en casa aquello que le constaría más hacer que comprar (...). Lo que es sabio en la conducta de cada familia, difícilmente pueda ser locura en un gran reino.

(...) De esa forma Smith deviene en un modelo de una política general de *laissez-faire*, más contundente aún que los fisiócratas (...) Smith no se contentaba con afirmar un principio abstracto: su propósito era destruir las condiciones existentes que chocaban con el principio, que incluían el mercantilismo en boga, con su maraña de regulaciones y prohibiciones en materia de comercio, salarios, categorías laborales, gremios, etc. Contrario a la imagen distorsionada que fabricó la izquierda Smith no fue el paladín de los ricos, sino de los consumidores (...). En el sistema mercantil los intereses de los consumidores son sacrificados casi constantemente y la producción, no el consumo, es privilegiada. La competencia irrestricta es la primera condición para una expansión económica y, por tanto, para un incremento en la satisfacción de las necesidades de todos (pp. 126 y ss).

Es en este punto, cuando sustituye la filosofía aristotélico-tomista acerca de la causa final del ser humano en el bien común, por la inclinación psicológica al bien individual, que el liberalismo clásico muestra una grieta importante.

Si la postulación de un *telos*, abandonados los fundamentos religiosos, se hace difícil de sostener, su sustitución por la presunción de que el egoísmo racional individual va a producir una sumatoria de bien común, es todavía más difícil.

Tienen más peso, sobre todo por su validación histórica, los argumentos filosóficos de tenor negativo y los prácticos.

Los primeros expresan la sabiduría humana sobre las limitaciones, psicológicas y morales, del hombre, que aconsejan no concederle poder absoluto sobre los demás. Primero porque carecerá de suficiente grado de conocimiento como para saber lo que es bueno para todo el mundo en todo momento, y segundo porque está sujeto a las debilidades de la raza humana y no es bueno que pueda caer en ellas dotado de demasiado poder.

Lo primero fue enfatizado por Von Mises, de la escuela austriaca, al señalar que el socialismo debía necesariamente fracasar en su sueño de poder planificar y ordenar la economía de un país, al ser imposible contar con la enorme cantidad de información, dinámica, además, necesaria para ello.

Lo segundo ya había sido señalado por Adam Smith, como su sano recelo hacia los gobiernos y quienes los pueblan, creyendo que saben y son idóneos para llevar las sociedades al Bien Común. Cabe recordar que Smith escribió en una época en que el Reino Unido (y Europa en su conjunto) vivían sistemas sociales y económicos muy estratificados y cartelizados, con numerosas normas que protegían contra la competencia internacional y reglamentaban rigurosamente las actividades a las que una persona podía dedicarse.

La ruptura –que nunca fue total– de toda esa maraña de regulaciones y prohibiciones dio lugar, o por lo menos ambientó, una fuerte expansión económica, notoriamente en Gran Bretaña, poniendo en evidencia el potencial económico de la creatividad humana, y llevó al pensamiento liberal económico a caer en una posición a la vez estática y dogmática, con toda una escuela de economistas clásicos que sostenían la existencia de mecanismos automáticos de equilibrio macroeconómico, si se dejaba funcionar a los mercados sin toqueteos.

Aun antes del auge de estas teorías, John Stuart Mill (Inglaterra 1806-73), en su *Principles of Political Economy* va a postular una variante muy importante del liberalismo clásico, que tendrá sus seguidores, (aunque no siempre expresos) en el laborismo británico y algunas de las social-democracias continentales. Mill aceptará totalmente la tesis de que no hay mejor mecanismo para organizar la producción que el mercado, pero discrepará en cuanto a que ese mismo mecanismo sea el más apto para distribuir lo producido. Distinción muy difícil de manejar para los liberales cuando baja a la práctica, ya que no es fácil desgajar una parte de la vida económica de la sociedad de la otra.

Pero antes de enzarzarse en esa discusión, los liberales tuvieron que hacer frente a otras novedades contestatarias. Es que, al mismo tiempo de experimentar un boom económico, las economías europeas por un lado sufrían ciclos de caída muy agudos y mostraban una realidad social de enormes diferencias y penurias. O sea, que había más en la realidad que la cara favorable de la economía. Esto da pie a las teorías socialistas y, en algunos países, a convulsiones sociales violentas. Pero el sistema, como tal, permanece sustancialmente inalterado, hasta que el mundo (al menos el mundo que contaba y un poco más) se ve engullido por una y, al poco tiempo, otra, guerra mundial.

Después, nada será igual.

Ya a la salida de la primera, los efectos de la nivelación social y la planificación estatal, exigidas por el esfuerzo bélico, harán imposible el sueño de volver el reloj para atrás, y cuando eso se intenta en materia económica (el caso más notorio fue el de Gran Bretaña volviendo forzadamente al patrón oro), las consecuencias serán de una recesión espantosa.

Como vimos, un economista, integrante del equipo británico que negoció en Paris los términos del restablecimiento de la paz luego de la Primera Guerra, quien advirtió que la política de resarcimiento impuesta a los vencidos, junto con la creencia de que las economías tienen mecanismos autoestabilizadores, no funcionaría, produciendo efectos muy negativos. Pero nadie le llevó el apunte a John Maynard Keynes.

Fue después, cuando enfrentados otra vez a la tarea de recomponer el mundo fracturado por la Segunda Guerra y habiendo experimentado las depresiones económicas de entreguerras, que Keynes pasó a ser el gurú económico de Occidente.

El devenir de los hechos y sobre todo de los discursos colocó a Keynes como el polo opuesto de los economistas clásicos. Pero la realidad es un poco más tamizada.

Efectivamente, Keynes sostuvo que la tesis de los estabilizadores naturales (no tocar, que todo volverá a su equilibrio) era, humanamente, un error, de trágicas consecuencias para los pueblos. Argumentó que no era ni bueno, ni inevitable, dejar que los factores económicos se acomodaran solos y que, por el contrario, era posible incidir en el mercado, principalmente del lado de la demanda, para suavizar los bajones del ciclo. Las acciones tendientes a estimular las economías en situaciones recesivas debían venir del lado de los gobiernos, haciendo uso del Estado, básicamente por la vía de aumentar el gasto público, y esto aun si llevaba a generar o aumentar déficits fiscales.

Véase que, si bien Keynes escandalizó a los liberales conservadores con esta tesis, nunca llegó a cuestionar pilares básicos de la teoría económica liberal como la propiedad y el mercado, o a postular economías planificadas o estados interventores que pretendieran hacer micro gerenciamiento económico o sustituir la producción privada por empresas del Estado. Sin embargo, es un hecho de que el péndulo en el mundo no socialista se desplazó hacia fórmulas de mayor intervención y planificación estatales y, en general, lo hizo agitando la bandera del keynesianismo. Entre el socialismo real por un lado y el keynesianismo por otro, las teorías liberales "puras" quedaron relegadas al mundo académico en algunas universidades, europeas y americanas.

Pensadores como Von Hayek e instituciones como la escuela de economía de Chicago, mantuvieron encendida y en alto la llama del liberalismo, pero su luz e influencia era claramente minoritaria.

Esa realidad tuvo un sacudón a comienzos de los 80, cuando las principales economías de Occidente experimentaron un fenómeno hasta ese entonces desconocido (no sólo en la realidad, también en los libros de texto sobre economía). La primera crisis del petróleo puso en evidencia que esas economías estaban experimentando una realidad en la que convivían dos fenómenos antagónicos: la recesión y la subida sostenida de los precios: lo que los gringos bautizaron *stagflation*. Se había producido aquello que algunos economistas clásicos habían apuntado como falla a la tesis de Keynes sobre la estimulación de la economía por la vía de estimular la demanda con gasto público. Esa política, una vez que se repite se torna previsible y lleva a que la gente lo anticipe, adelantando aumentos de precios para protegerse y provocando con ello inflación. El mayor gasto no va a la producción sino a los precios.

Esto provocó la reacción conservadora, ejemplificada en los gobiernos de Reagan y Margaret Thatcher, dando pie a que se proclamara el retorno, victorioso y para quedarse, del pensamiento liberal puro. Que, además, vino acompañado de los trabajos de economistas de corte monetarista, como Milton Freedman, que terminaron por arrinconar al keynesianismo con sus demostraciones acerca de los efectos sobre los precios del volumen de emisión monetaria y su velocidad de circulación. Fue la reacción contra estas teorías Monetaristas la que acuñó el término "neoliberalismo", luego aplicado a todo el espectro de pensamiento económico liberal.

La realidad, sin embargo, no confirmó las expectativas de esa reversión del péndulo, para quedarse en el polo liberal y la realidad económica mundial, enriquecida además por las consecuencias de la implosión del mundosocialista, discurre entre diferentes combinaciones, dinámicas, de liberalismos más o menos ortodoxos o más o menos keynesianos (con frecuencia intercambiando motes y acusaciones).

Cabe entonces hacer el esfuerzo para postular una ubicación en materia económica acorde con un pensamiento liberal razonable, posible y práctico.

VI.
HACIA UNA POSTURA LIBERAL COHERENTE Y VIABLE.

A) Introducción

Creo que se debe comenzar por ratificar el principio de libertad y las ventajas del mecanismo del mercado. Deben ser la piedra angular del razonamiento y el punto de partida de su construcción.

Respecto a lo primero, es oportuno señalar que el principio de libertad es uno, válido igualmente en materia política y económica. No deben aceptarse las tesis eclécticas que proclaman principios liberales en materia política, pero soluciones no liberales en el campo de la economía. Estas inevitablemente resultan en pérdidas de Libertad. El ser humano es uno.

Dicho lo cual, también hay que aclarar que el principio de libertad y su corolario en la institución del mercado, no deben tomarse como absolutos. Pero sí como punto de partida en el análisis de cualquier situación práctica: primero aplicarle el principio y luego analizar si, para el caso, es necesario o notoriamente conveniente, aceptar limitaciones o condicionamientos.

Reconocer que el mercado puede tener fallas, que el individuo muchas veces carece de la información suficiente, que hay actividades en las que ocurren externalidades que el mercado no evita, o directamente produce, son realidades que no deben desconocerse, pero que tampoco pueden validar *ab initio* el abandono de los principios liberales y su sustitución por encares voluntaristas basados en la iluminación y el poder.

Nadie postula al mercado como ideal perfecto. Sólo como el mecanismo más idóneo para encarar situaciones humanas. El ser humano es imperfecto. No puede entonces suponerse que el mercado no lo será. El punto está, justamente en que, ante la evidencia de la imperfección humana, el mercado es menos peligroso y más corregible que esa misma imperfección dotada de poder.

No es posible confeccionar una tabla que enumere todas las situaciones en que el mercado mostrará fallas y los grados de correctivos externos que deben aplicarse en cada una. Sólo se pueden sentar los principios y admitir la eventualidad, nada remota, de que deban aplicarse correcciones o aún que existan mecanismos distintos al mercado.

En esa línea de buscar un liberalismo práctico, realista, también hay que admitir que el mercado, cuyo fundamento es la libertad, no funciona bien en materia de igualdad.

Ya dijimos que el principio liberal básico es el de la igualdad formal, ante la ley, pero que la realidad ha ido evolucionando, pretendiendo y exigiendo que esa igualdad tenga, además, cierto contenido material. No postulo el ideal o el objetivo de la igualdad material, porque va contra la naturaleza humana, lo que hace que sea una meta de cumplimiento imposible, que conlleva, además, consecuencias muy negativas, cuando se intenta. Pero es un hecho de la experiencia cotidiana agudizado contemporáneamente, que la presencia de enormes desigualdades genera efectos muy negativos en las sociedades, que obligan a contemplar incidencias externas en el funcionamiento del mercado.

Otra vez, cuando ello ocurre, el abordaje debe ser prudente, cauteloso y fundado de manera explícita, ya que significará incidir en la realidad de personas de forma ajena, cuando no directamente contraria, a su voluntad.

Esas situaciones de diferencias inaceptables y aun escandalosas en la vida de integrantes de una sociedad pueden ocurrir en una de las puntas sociales y económicas, o en ambas a la vez. Cuando son situaciones de extrema pobreza, indigencia, discapacidades, etc., la decisión de tomar medidas asistenciales o remediales es aceptable y no exige otras salvedades que las de la efectividad y la prudencia.

Más discutible es el caso de diferencias escandalosas producto del despegue de la otra punta, como ocurre en el mundo empresarial (sobre todo financiero), de muchas de las economías de los países ricos. Allí, las medidas que habría que aplicar para reducir esas desigualdades no serían de asistencia al desfavorecido sino de recorte al privilegiado, lo cual es menos evidente para admitir. Si un CEO de un banco de inversión gana decenas de millones al año porque sus accionistas lo resuelven así (por activa o por pasiva), puede resultar chocante y hasta injusto, pero no es totalmente aceptable que la autoridad deba recortarle ese ingreso. Obviamente que no estamos hablando de un confisco (que nadie preconiza), sino de la aplicación de impuestos extraordinarios, pero, aun así, no es un punto obvio. Máxime cuando son temas muy difíciles de bajar a la realidad de forma acotada: ¿cuándo gravar? ¿cuánto?

En todo esto, no sólo hay que ser conscientes de las dificultades para aterrizar soluciones con justicia, sino que, como comentáramos, la experiencia demuestra que el camino histórico suele ir de la libertad hacia la igualdad, pero no se conocen casos a la inversa: la mayoría de las medidas igualadoras tienden a ser irreversibles.

Cada avance en favor de la igualdad, que significa recortes a la libertad, termina siendo un mojón inamovible.

B) Aterrizando en la realidad uruguaya

A poco que nos pongamos a reflexionar, no podemos dejar de pensar en que somos un país curioso. Para Latorre, ingobernables; según Jorge Batlle: *we are fantastic.* Algo de ambos, pero mucho más.

Toda sociedad vive en una realidad cultural. Cultura, no como expresión de saber (en el sentido que hablamos de alguien culto), sino en la definición científica del término: ese cúmulo, a veces uniforme, a veces fragmentado, de creencias, ideas temores, valores, recuerdos, mitos, etc. que conforman un bagaje con el cual vivimos y convivimos, muchas veces actuando en función de él sin ponernos a pensar en su consistencia, validez o vigencia. Este fenómeno, común a todas las sociedades, difiere de unas a otras, sea por la composición de sus componentes, sea por el peso relativo que en la misma tienen el pasado y el futuro.

En el caso de Uruguay, el pasado pesa mucho. Al igual que ocurre con los franceses (nuestra cultura tiene mucho de francesa, aún hoy día), los uruguayos somos muy nostálgicos y, por ende, muy conservadores.

Un pensador, no precisamente de derecha, decía esto sobre nosotros:

> Por estas vías y estos modos, el Uruguay resulta hoy, una nación cuyo equilibrio, de tono medio burgués, cuyo

conformismo social le hace hostil a toda reforma de estructuras, especialmente en aquello que esta represente, de manera inevitable, una redistribución efectiva del ingreso, lo que es, sin duda, coherente con el acento conservador del aparato político que sostiene (y soporta). Pero es también un país que, si se observa a través de la conducta de muchos de sus grupos económicos y sociales, reclama y actúa como si quisiera (pero la impresión es engañosa) que esas estructuras no debieran estar un minuto más vigentes, como si los precarios equilibrios que se han logrado tuvieran que ser rotos sin más dilación.

Podrá decirse que contener aquéllos y salvar éstos es la misión de todo Estado y los que lo invisten, pero la conclusión no podría quedar en este aserto tan general. La situación, realmente paradójica, es la de una política y una sociedad que no quieren, es obvio, ni el capitalismo ni la libre empresa puras, ni menos una economía socializada, centralizada y planificada, pero soslayan al mismo tiempo lo difícil, lo delicado que es el funcionamiento medianamente eficaz de sistemas intermedios. Una sociedad que parece confundir la sideral distancia que existe entre cualquiera de ellos que sea coherente y nuestra realidad. Una realidad, dígase en forma breve, que es una olla podrida de estatismo y capitalismo especulativo, de dirigismo e intervencionismo esporádicos y promesas, muchas promesas, de una planificación futura.

Tales podrían ser también (reanudo el recuento) el carácter negativo de ciertos trazos que aquí se han subrayado. El haber dejado subsistente el sesgo predominantemente intelectualista y universalista de la educación uruguaya. El haber promovido un espíritu de "alto consumo", de reclamo, derecho y facilidad antes de haberse llegado a estadios más altos de desarrollo. El haber anquilosado una superestructura política haciéndola sólo nominalmente representativa tan inepta para recibir auténticas inflexiones del entramado social como para comunicar a éste impulsos valederos. Haber angostado por sectarismo político y religioso la generosidad y la amplitud de su veraz llamado a construir un país nuevo. Haber empantanado en la rutina política y en la torpeza burocrática toda dirección dinamizadora.

Con todo, si hubiera que ceñir las debilidades más globales, más conspicuas, de más efecto a largo plazo, es especialmente a dos a las que hay que hacer referencia.

La del *móvil filosófico cultural* podrían ser una de ellas, pues es dable pensar que la filosofía "progresista" de que el Batllismo se reclamó ha entrado en proceso definido de disgregación y caducidad y que sus ingredientes racionalistas, individualistas, hedonistas, ético-inmanentistas, romántico-populistas o han seguido la suerte del compuesto que los integraba o han entrado —lo que en cierto modo es más seguro— en nuevas, en muy disímiles y hasta casi siempre irreconocibles recomposiciones.

Ceguera al contexto, podría registrarse por fin; olvido, por ejemplo, de las restricciones que imponía al desenvolvimiento industrial la pequeña magnitud de la comunidad y de su mercado, desprecio a las constricciones a que sujetaría el crecimiento de la clase media y obrera una estructura agraria del tipo de la uruguaya, desatención a los fenómenos y desequilibrios de una situación de marginalidad en un medio cultural tan intensamente europeizado como ya era el nuestro.

Un inverosímil optimismo, una sistemática ceguera a la dureza acechante de la historia, al rigor de la competencia entre sociedades y naciones, fue trasfundido a grandes oleadas a toda una colectividad, a la que se acostumbró al constante reclamo, a la que se aflojó hasta un ritmo de trabajo propio de tiempos idílicos, a la que se dotó de un sistema de seguridad social cuyo costo respecto a la producción de la que tiene que salir, del aporte de los activos de la que ha de ser extraído, nadie se atreve ya a decir que, absoluta o comparativamente, no sea desmedido. Una colectividad, en suma, a la que se hizo creer que, tras el éxito de los primeros esfuerzos, la plenitud del reino, y sus "añadiduras", habían llegado.

Culminando este proceso, hemos llegado a ser una sociedad económicamente estancada, políticamente enferma, éticamente átona. Podrá decirse, también, que civilmente sana y socialmente más equilibrada que muchas otras de su tipo, pero las notas peyorativas son las dinámicas y estas sólo pasivas y remanentes. Porque, globalmente (ya se trató de fundarlo) parecemos ineptos para la altura de los tiempos y sus implícitos desafíos.

No pretendo afirmar que entre este cuadro y el Batllismo la relación sea unívoca Puede defenderse aún ahora que el Batllismo no es el responsable de nuestra crisis porque no es 'el único responsable.

La cita es de Carlos Real de Azúa, en su *El Impulso y su Freno*, y data de 1964. El hecho de que buena parte de su contenido nos parezca relevante más de medio siglo después, es prueba de esa veta nostálgica que permea buena parte de nuestra cultura y, por tanto, del pensamiento dominante.

Lo que Real de Azúa jamás imaginó es que aquel pensamiento, dominante en los 60, habría de llevar al país a una crisis, pero no habría de hacer crisis en sí.

En un proceso muy curioso, el llamado Segundo Batllismo cayó derrotado políticamente en 1958, pero sobrevivió culturalmente y, treinta años después, acabó amalgamado (o, más bien, absorbido) por otra ideología en crisis: el socialismo, para retomar las alturas culturales de la sociedad uruguaya.

Para el Batllismo, el intento reformador del Partido Nacional (1959-66) fue un abollón, pero no un descarrilamiento. Para el socialismo, la caída del Muro de Berlín no fue, como tantos creímos, el campanazo final de su existencia, sino un suceso casi providencial, que les permitió desembarazarse de Marx y, sobre todo, de Lenin y Stalin, para abrazar las raíces rousseaunianas, tanto más románticas y atractivas, que el socialismo científico, la dialéctica y la dictadura del proletariado.

¡El comunismo ha muerto, viva el Progresismo!

Pero, hete aquí, que el transcurso del tiempo y, sobre todo, del tiempo en el gobierno, ha ido deteriorando esa subcultura, haciendo que se hagan cada vez más visibles sus fallas, debilidades y contradicciones.

Tanto así, que ya nadie discute que estamos viviendo una realidad en muchos aspectos crítica, o de crisis. Las quejas por la pérdida de valores, la inseguridad, la violencia, la anomía… no son monopolio de la derecha. Sobreviven intentos por asignar los problemas a distintas causas, pero de su realidad hay poca discusión.

Sin embargo, a pesar de esas evidencias, el carácter nostálgico, conservador (económicamente estancado, políticamente enfermo y éticamente átono, diría Real de Azúa) se ha atrincherado, exitosamente, en un discurso que ya ha llegado a ser un reescribir de nuestra historia, en el cual ciertos apotegmas se mantenían firmes, contra viento y marea.

Entre ellos se encuentra el relato "histórico" de que los males de nuestro país se originan en una suerte de noche oscura neoliberal, ubicada indistintamente en los gobiernos de Lacalle y Batlle, donde nacieron los males que hoy nos aquejan. Años de enorme sufrimiento, cuando se perseguía a los obreros, había recesión, el país era entregado al capital foráneo (más el FMI, etc.) y hasta, al decir del presidente Vázquez, los niños comían pasto. Un país sacrificado en el altar del Neoliberalismo, sometido a la dictadura del Mercado y de las finanzas.

Mi síntesis puede parecer algo caricaturesca, pero la fuerza de ese relato histórico es tal que nadie, absolutamente nadie, que hoy ocupe un lugar de visibilidad sea político, sea empresarial, sea cultural, se atreve a recibir sin temor el mote de "neoliberal". La izquierda ha vuelto a evidenciar sus fallas y contradicciones, pero en un terreno continúa siendo imbatible: el del discurso.

Pues bien, ese relato histórico es falso. No exagerado, o distorsionado: falso. Por ello y como además de falso es hegemónico, debe refutarse y sustituirse. Deben primero mostrarse sus mentiras históricas para luego introducir el pensamiento en la realidad. Única forma para poder combatir los errores y las rémoras que nos tienen presos, como sociedad, en algo todavía peor que lo descripto por Real de Azúa medio siglo atrás.

1. *¿Dónde pudo estar el neoliberalismo en nuestro país?*

El relato "oficial" suele ubicarlo en el gobierno blanco 1990-94, siendo sus notas típicas un desmantelamiento del Estado, el "reinado del mercado", la preeminencia de los sectores financieros, el favorecimiento al capital extranjero y una persecución o, por menos, la discriminación en contra de los asalariados, revelada en aumento del desempleo y caída de los ingresos salariales.

Los datos de la realidad no avalan ninguno de los ingredientes del cuento.

Si bien es cierto que el gobierno Lacalle quiso reducir la intervención del Estado en la economía, sea directa, vía privatizaciones, sea indirecta, vía desregular, más allá de cuáles hayan sido sus propósitos, la realidad es que: a) poco pudo privatizar, b) algo sí redujo la presencia regulatoria del Estado, pero, además, c) lo que alcanzó en uno y otro campo, prácticamente no ha sido tocado por los gobiernos de izquierda que lo siguieron. Durante la "noche neoliberal", como antes y después, el estado uruguayo tiene una presencia dominante en la economía del país. La argumentación del Frente cuando se discutió la llamada Ley de Empresas Públicas, era que el estado uruguayo no alcanzaba a tener actividad económica directa por más de un 20% del PIB, lo cual, aún si fuera cierto, ni era un porcentaje menor, ni mucho menos realista, ya que dentro de ese porcentaje, de apariencia menor, se alojan actividades claves, como los combustibles, la electricidad, las telecomunicaciones, los puertos, la intermediación financiera y otras, donde el estado o bien es monopólico, o regula y controla intensamente, no siempre ni primordialmente para beneficiar a usuarios o consumidores, sino con fines de otra naturaleza (fiscales, seudosociales o directamente políticos). A lo anterior hay que sumar todas las actividades que el estado regula, en algunos casos siendo, además, juez y parte como son la salud, la educación, los seguros, o demandante básico, como en la construcción, o simple fijador de precios, como en el transporte de pasajeros, o controlador de los insumos principales, como en el de cargas.

En suma, nunca existió el Uruguay neoliberal, sometido a la jungla del mercado. Pero lo más interesante es que en las pocas áreas donde se pudo achicar el estado o desregular (p.ej. reduciendo monopolios,) el Frente, que se había opuesto a ello furibundamente, cuando llegó al gobierno se cuidó muy bien de volver las cosas atrás. Por el contrario, avanzó fuertemente en el uso de instrumentos privatizadores (sin los mecanismos de contralor que preveían las leyes "neoliberales"), como puede verse en la constelación de sociedades anónimas que rodean a Ancap y Ute. O en el uso de instrumentos financieros y "privatistas", como son las PPP y los fideicomisos.

Otro hecho revelador, no exento de ironía, es el grado de presencia de capitales extranjeros en la economía uruguaya, así como de beneficios, tributarios y regulatorios, otorgados por los gobiernos frentistas al "gran capital" frecuentemente multinacional.

Todo ello en una dimensión nunca antes vista.

No es que, todo esto necesariamente esté mal. El punto no es ese, sino la prueba del mentís del relato histórico oficial.

Entonces, a la hora de analizar la realidad nacional y de considerar posibles opciones, los argumentos alarmistas de un retroceso hacia infiernos neoliberales del pasado son simplemente mentirosos.

Por otro lado, las discusiones teóricas (mercado vs. estado, liberalismo vs. dirigismo) suelen llevar a posturas absurdas, ajenas a la realidad. Así, en nuestro caso, más que discutir si un Uruguay liberal sería o no bueno, conviene preguntarse si una buena dosis de liberalismo no ayudaría a que el enfermo reaccionara.

2. *La realidad del Uruguay que vivimos es un perfecto ejemplo de la no aplicación de los principios liberales que hemos venido considerando aquí:*

– En la concepción práctica del Estado de Derecho.
– En sus instituciones.
– En el rol del parlamento.
– En la concepción del ser humano y de la sociedad y en la posición de ambos frente al Estado, en lo que atañe a la libertad de aquel, a su creatividad, al sentido de su vida.

Todos reconocemos que el país vive una fenomenal crisis de valores, que se manifiesta en factores básicos, como la familia, la educación, la convivencia en paz y la seguridad, el respeto por las normas y por la autoridad, para mencionar apenas lo más notorio. Pero el relato oficial nos impide analizar la existencia de corrientes de pensamiento serias con profundas raíces históricas y sólidas bases filosóficas, para ver si quizás allí hay respuestas para nuestras preguntas y carencias.

Diversas son las causas que explicaron esta realidad, total o parcialmente.

a) La incapacidad del Batllismo para sustituir las raíces cristianas por otras, luego de su apartamiento o rechazo, del catolicismo. El entusiasmo de la primera generación, típico de los conversos, se agotó con ella y no fue sustituido por un set de valores básicos.

b) El haber alcanzado el país, muy tempranamente, una suerte de Nirvana, económico y social, con una sociedad muy integrada, probablemente jugó en el mismo sentido, quitándole "filo" a la cultura y derivando la integración social en trabazón y parálisis.

c) La influencia del laicismo, en su concepción uruguaya, de asepsia total en materia ya no religiosa, sino espiritual, sin duda contribuyó a consolidar una cultura conservadora, débil en valores y proclive a un contentamiento mediocre.

d) La influencia francesa, tal como fue "exportada", con fuerte impronta rousseauniana, marcó ciertas líneas de nuestra cultura, como el egalitarianismo y una tendencia en los gobiernos de ser la encarnación de la voluntad general, única valedera y superior al individuo. Luis Alberto de Herrera describía (con su lenguaje fluido, en Paris, hacia 1910, en *La Revolución Francesa y Sudamérica*), este fenómeno así:

> Ningún ejemplo más insinuante, entonces, para nuestros padres legisladores, que las abstracciones de la Revolución Francesa, pictóricas de reforma radical y de sonoridad agradable para todos los temperamentos románticos, nos lanzamos en la infancia libre a las más descabelladas especulaciones filosóficas, persistiendo, todavía, a pesar de los golpes sufridos, en los mismos excesos doctrinarios que han sido causa de nuestro desastre republicano. Acentuando nuestras deficiencias orgánicas, han sido las ideas absolutas y sus propósitos abstractos de fraternidad universal y de derechos ilimitados, los factores morales indirectos de nuestra anarquía endémica (…) entonces se lanzan (nuestros prohombres), con gesto iluminado, a la pesquisa de los sistemas más infalibles de felicidad doctrinaria y, en ese propósito, se agitan, sin descansar, audaces y generosos, porque cuando la idea alta lo trabaja, el espíritu entra en celo, afiebrado como la tierra que germina.
>
> Por esa época la propaganda gloriosa de la filosofía ya había conmovido los cimientos feudales de Europa. Estaban en auge los dogmas revolucionarios de Rousseau.

(a quien Bertrand Russell llamaba uno de los pensadores más deshonestos intelectualmente de la historia). ¡Qué inversión tan colosal en el curso de las ideas universales! Con tradiciones, reyecías, privilegios, experiencias y aristocracias se hizo un gigantesco hacinamiento de combustibles. El principio revelado de la soberanía del pueble dio la señal del incendio. La moda intelectual ordenaba tener por mal construida a la sociedad existente, que levantaba sus paredes maestras sobre cimentos de opresión. Las agrupaciones humanas no debían reconocer otro origen que el mutuo consentimiento entre sus componentes: ¡las maravillas espontáneas del Contrato Social!... Con ánimo sonriente se concedió la razón teórica al reformador ginebrino, al extremo de desearse la regresión al estado de naturaleza, que reformador ginebrino, al extremo de desearse la regresión al estado de naturaleza, que devolvería la humanidad dolorida toda la ventura despilfarrada en erradas organizaciones (L.A. de Herrera, *La Revolución Francesa y Sudamérica*).

e) El cerramiento del país, primero económicamente y luego culturalmente, también influyó en aislarlo del devenir mundial y engrupirlo con una noción artificial de país, anclado en un pasado mítico, del cual no quiere salir o, mejor dicho, el cual sueña con volver algún día.

Esos y otros factores están detrás de algunas de las características de nuestra cultura, que tiene grandes dificultades para reconocer la realidad y decidirse a conquistarla: escaso espíritu empresarial (con aversión al riesgo y menosprecio por el éxito económico), baja productividad, favorecida por una presencia del Estado que desestimula el esfuerzo, al tiempo de exacerbar las nociones de derechos personales o corporativos. La veneración por la igualdad material, hija del socialismo rousseauniano, que la coloca en lo alto del panteón cultural, presionando contra la libertad y el éxito y contribuyendo al estancamiento y la pérdida de aquellos valores que impulsan al ser humano a superarse.

El debilitamiento de agentes de socialización básicos, como la familia y aquellos otros de corte jerárquico (liderazgos institucionales, erosionados valores de orden y respeto) en competencia con otros (corporativismo, medios de comunicación, etc.) de contenidos totalmente diferentes.

Estos factores pegan y luego multiplican la pérdida de valores en instituciones como la familia y la política, desembocando en deterioros morales y sociales: inseguridad, decaimiento del respeto por la autoridad, distorsión y debilitamiento del Estado de Derecho, etc.

En medio de este cuadro es notorio cómo la izquierda, al tiempo que ya no consigue hacer funcionar el Gobierno y el Estado, agotada su capacidad para distribuir, mantiene con vigor su discurso y, sobre todo, su relato histórico, impidiendo o atajando todo intento por mostrar que el rey hace rato que está desnudo y que se impone la necesidad de explorar otros derroteros, que no es verdad que alguna vez fracasaran en el Uruguay.

Seguramente nos saltarán encima, acusándonos de egoísmo, falta de solidaridad, espíritu de lucro, discriminación y quién sabe qué más. Ante eso, empezar por recordar que los males que padece nuestro país no pueden venir de haber abrazado el liberalismo, sencillamente porque eso nunca ocurrió.

No aceptemos que se rechace algo que, ni es conocido en sus esencias, ni se ha practicado en el Uruguay, al menos los últimos cien años (y un poco más).

193

Esto no equivale a creer que el liberalismo tenga una caja de herramientas (o de remedios) que pueden aplicarse como fórmulas netas e infalibles. Los famosos modelos, que los uruguayos blandimos una y otra vez: "¿qué modelo de país queremos?"; no hay modelos y, además, el liberalismo –al menos aquel que yo creo realista y aceptable al mundo de hoy-, no cree en "modelos" y, mucho menos, en su aplicación de arriba para abajo, al mejor estilo del voluntarismo que rechaza.

3. *¿Qué aspira a poder decir un liberal de a pie, a sus compatriotas, en el Uruguay del siglo XXI?*

Simplemente que vale la pena recordar cuáles son los elementos básicos de ese liberalismo, que hemos ido decantando y rescatando, para luego ver qué nos dicen esos principios y valores cuando analizamos nuestros problemas y carencias a la luz de aquellos.

Si aceptamos ciertas premisas básicas: que el ser humano es capaz de alcanzar un conocimiento de sí mismo y de la realidad, que le permiten sostener afirmaciones generales (no inventadas o creadas por el hombre, sino a partir del conocimiento de la realidad).

Si aceptamos, razonando a partir de ese estudio de la realidad, que existe un orden natural, no un molde, ni un recetario, sino un sentido racional, que incluye un fin, un *telos*, reconociendo las imperfecciones de esta filosofía, pero junto a las evidencias de un fracaso de todas las demás, que al negar aquella van arrastradas por la corriente, sin encontrar dónde asirse.

Si nos ubicamos a partir de estas premisas, podemos arrojar nueva luz sobre los principales ejes de nuestra cultura que hoy giran en el vacío.

Volveremos a ubicar al ser humano en el centro de nuestro pensamiento y de nuestra escala de valores y a la sociedad por encima del Estado.

De ahí nace la consideración de la libertad del hombre, en lo más alto del panteón de valores. Nunca absoluta, por supuesto, pero relativizada con el respeto que se merece sólo ante otros valores de igual jerarquía.

Esto nos lleva al primer gran nudo y cruce de caminos: la vida en sociedad bajo sistemas democráticos es, como dijimos, un equilibrio, constante y dinámico, entre la libertad del hombre y la igualdad que demanda esa vida en sociedad. Ambas son necesarias, pero no es posible tener cien por ciento de las dos al mismo tiempo. Entonces, ¿cuál debe ser la posición del liberal ante esa realidad? No hay fórmulas (modelos), pero sí parámetros.

Primero, reconocer ambos principios, en sus esencias. La libertad porque es lo que da sentido a la vida del ser humano, lo que le permite amar y desarrollarse, buscando su plenitud a su manera y reconociendo, con humildad y prudencia que, en general, cada uno es mejor juez de sí mismo que otro, sentado atrás de un escritorio en alguna dependencia gubernamental. La misma prudencia realista que nos hace ver los defectos del ser humano y la necesidad de tener normas que regulan la convivencia, debe llevarnos a reconocernos como limitados a la hora de fijar conductas y establecer prohibiciones para terceros.

La preferencia del liberal por un gobierno limitado, se basa, precisamente, en el reconocimiento de sus limitaciones. De las limitaciones de todos.

Cabe reconocer que la libertad de la que hoy hablamos no tiene exactamente el mismo contenido que la reclamada en la Magna Carta o la *Glorious Revolution*. No sin razón se argumenta que la libertad en su sentido clásico: libertad "de", ausencia de constreñimientos externos, ha evolucionado. El argumento: "de qué me sirve ser libre si vivo en la calle", tiene su razón de ser. Pero cuidado con que no nos arrastre después a contradicciones. Hay que admitir el valor del sentido llamado "positivo" de la libertad: la libertad "para" (para desarrollarme, etc.) pero con ciertos Caveats: 1.º: La exigencia de que si ocurren circunstancias (como ocurren) en que para llegar a la positiva debemos limitar la negativa (en cuanto la promoción de la libertad "para" de una persona, implica invadir la libertad "de" a otra) es imperativo reconocer públicamente que se está actuando contra un valor clave y hacerlo con la máxima prudencia y parquedad.

Similar fenómeno ocurre en el caso de la igualdad. En los albores de la democracia no existía mayor problema en compatibilizar igualdad con libertad, ya que el reclamo era por igualdad ante la ley, fin de privilegios, etc., lo que terminaba siendo un reclamo en favor de la libertad. Dicho, en otros términos, la igualdad ante la ley es la garantía de la libertad.

Pero, otra vez, ¿de qué me sirve ser igual ante la ley si vivo debajo de un puente? Exijo igualdad material.

Así, a partir de una realidad, nace uno de los mayores problemas de la convivencia democrática contemporánea: la igualdad material. ¿Es un derecho? ¿Hasta dónde? Porque, como bien señala Von Hayek, todo avance en favor de la igualdad material de algunos requiere un retroceso de la libertad de otros. Para igualar en la carrera no hay otra que pasar parte del peso de unos sobre otros.

Este es uno de los terrenos de confrontación entre liberales y no liberales.

Hay diferentes planos en este tema y es importante distinguir sobre qué vamos a pronunciarnos y por qué.

Para empezar, el liberal no cree que los hombres sean materialmente iguales. Por el contrario, considera de evidencia empírica lo opuesto, que son por naturaleza diferentes. Se sigue, entonces, que la igualdad material ni puede ser un derecho, ni es viable alcanzarla. Entonces, ¿debemos contentarnos con esto y rechazar todo intento por atender las situaciones de desigualdad que la realidad nos muestra, algunas sumamente dolorosas? No, el razonamiento liberal no es tan lineal. Afirma que la igualdad material no está en la naturaleza y precave que los intentos por forzar esa naturaleza tienen consecuencias negativas, a partir de la limitación forzosa de la libertad. Pero no esgrime esa realidad para defender una pasividad, entre fatalista y egoísta. No cree el liberal que, si la realidad es muy dura para algunos o muy injusta, sólo cabe mirar y conmiserar. No. Lo que sí cree es que las reacciones ante ese tipo de situaciones, sea que se funden en razones de justicia o de simple empatía (no menos valiosa), no deben basarse en fundamentos de igualdad material, ni de derechos que justifiquen todo tipo de acción. Ni mucho menos, en azuzar odios y envidias. La dureza de la vida de unos no es, necesariamente, una consecuencia lineal de la blandura de la vida de otros.

Con frecuencia, este dilema libertad–igualdad, es soslayado, recurriendo a fórmulas que buscan cazar la inquietud, pero no llevarla hasta sus últimas consecuencias. Tal es el caso de la tan manida "igualdad de oportunidades". "Cuántas veces hemos oído el argumento, "a la vez "solidario" y tranquilizador, que está diciendo: a mí me preocupa los que tienen menos, pero no se asusten que no estoy en la línea comunista de nivelar a todos". Pues, más allá de los motivos, verdaderos o expeditivos, por justificar esta "fórmula", debe señalarse que la misma es imposible y, por tanto, falsa. Igualar, o pretender igualar, el punto de partida no difiere, ni en sus fundamentos, ni en sus consecuencias prácticas, con igualar la llegada o el transcurso de la carrera. La diferencia entre los seres humanos ni es algo instantáneo, ni tampoco constante. Por el contrario, nuestras vidas son dinámicas y cambiantes, y aun si creyéramos viable igualar a todos los seres humanos en la largada, a poco de sonar el disparo aparecerán diferencias. No hay argumentos racionales que justifiquen emparejar la largada y después arréglate como puedas.

Por otro lado, la naturaleza no sólo nos muestra la diversidad entre los hombres, sino también la limitación para poder captarla en su totalidad (causas y posibles remedios), así como para crear y mantener una nueva realidad.

Muy cercana a esta constatación está la que advierte sobre el peligro de creerse en posición de la capacidad y de la autoridad moral para imponer criterios de méritos y justicia entre los seres humanos. El gobernante o el partido político que crea tener esas dotes se convertirá automáticamente en un peligro.

Vale la pena conocer la opinión de Von Hayek sobre este punto:

> Mucho de lo que en la superficie aparenta ser reclamos por una mayor igualdad, es en realidad una demanda por una distribución más justa de las cosas buenas de este mundo y surge, por tanto, de móviles más creíbles. La mayoría de la gente objetará no el hecho crudo de la desigualdad, sino el hecho de que las diferencias en las recompensas no se

correspondan con diferencias reconocibles en los méritos de quienes las reciben. La respuesta que usualmente se da a esto es que una sociedad libre, en general, alcanza ese tipo de justicia. Esto, sin embargo es indefensible, si por justicia se quiere significar una proporcionalidad entre recompensa y mérito moral… lo que no es cierto La respuesta correcta es que, en una sociedad libre, no es ni deseable, ni practicable, que se haga corresponder generalmente las recompensas materiales con aquello que las personas reconocen como mérito y que es una característica esencial de una sociedad libre que   la posición de una persona no debe necesariamente depender de las opiniones que sus congéneres tengan a cerca de los méritos que aquél haya mostrado (The *Constitution of Liberty*, p. 93).

Y más adelante:

Aun cuando la mayoría ve como muy natural el reclamo de que nadie deba ser recompensado con más de lo que se merece (…) [esto] está, sin embargo, basado sobre una colosal presunción. Se presume que somos capaces de juzgar en cada caso concreto qué tan bien usa la gente las diferentes oportunidades y talentos que se les dan y qué tan meritorias son sus realizaciones a la luz de todas las circunstancias que las hacen posibles. Presume que algunos seres humanos están en la posición de poder determinar concluyentemente lo que una persona vale y tener la autoridad para determinar lo que pueda realizar (…) Una sociedad en la que la posición de los individuos se construye obligatoriamente según las ideas humanas acerca del mérito moral sería, por tanto, el exacto opuesto a una sociedad libre" (…) (no existe) ningún ser humano

199

con la capacidad para recompensar todos los esfuerzos de acuerdo a méritos (p. 97).

¿Significa esto entonces que todos debemos refugiarnos en una suerte de fatalismo y simplemente ser espectadores, compasivos, pero al final pasivos, de las realidades de sufrimiento y aun de injusticia que a diario nos enfrentan? No. Una cosa no se sigue de la otra. Que yo tenga la convicción de que no es posible fabricar realidades exclusivamente en base a mi voluntad, no habilita a cruzarme de brazos. Ir al encuentro de quien sufre o necesita es propio del ser humano y puede justificar medidas impuestas en favor del más necesitado, pero sus fundamentos no serán la igualdad material, ni tampoco, salvo excepciones, la pretensión de hacer justicia en función de los méritos de aquellos a quienes quiero favorecer, frente a los (o la supuesta ausencia) de aquellos otros, cuya libertad voy a recortar para cumplir mis propósitos. El liberal no debe escapar a los llamados de su conciencia y una sociedad basada en principios liberales no debe olvidar que el ser humano es el centro de su estructura moral. Pero el encare, que no debe ser menos intenso, tanto emocional como moralmente, no pasa por igualar, ni – salvo probadas razones – por creer que toda situación humana de dolor necesariamente tiene una causa directa en otra situación humana de beneficios. El énfasis debe estar en ir al encuentro de la carencia, buscando subsanarla, pero no de azuzar permanentemente a unos contra otros, ni de vincular como verdad que el éxito de unos necesariamente produce (y explica) el fracaso de otros. Asistir, promover, remover obstáculos, por supuesto. Fogonear permanentemente la igualdad, acusando a algunos de estar perjudicando a otros por tener más que ellos, no.

Esto nos lleva a otros dos campos de enfrentamiento frecuente para los liberales: la propiedad y el mercado.

Es cierto que el liberalismo en sus comienzos tuvo al derecho de propiedad en el centro de su pensamiento y con una concepción muy absolutista. Hay quienes dicen que, en el fondo, el liberalismo es una justificación, filosófica y por tanto política, de la propiedad, y que esta es su verdadera razón de ser.

También es cierto que algunos de los fundamentos esgrimidos en esos comienzos para defender el derecho de propiedad hoy no son de recibo. Ni el argumento del origen divino, ni el esgrimido por Locke (que hago mío aquello que es objeto de mi trabajo en aras de sustentar mi derecho a la vida) son hoy utilizados.

Con todo, es interesante señalar cómo la tesis de Locke acerca de justificar la propiedad por vía de mi trabajo, influyó durante siglos en las teorías de los primeros economistas y hasta en Marx, en sus tesis acerca de lo que determina el valor de las cosas. Pero también esto ha sido abandonado (aunque todavía oímos hablar de la plusvalía y su apoderamiento, en algún discurso sindical o político).

Más cerca de la realidad estaba Locke cuando sostuvo que hay una relación estrecha entre la libertad y la propiedad. Para Locke esta última da fundamento a aquella. Verdaderamente libre es aquel que tiene una base económica, aquel que puede ser un agente económico, social y político independiente.

Hoy, las teorías de un derecho de propiedad absoluto, tienen escasos defensores. Por el contrario, el péndulo se fue para el otro lado y los postulados más en boga son aquellos que no otorgan gran peso a la propiedad como un derecho humano individual. El término clásico es "derecho social". Que no es muy claro ni, muy coherente (y por ende bastante peligroso). Curiosamente, las argumentaciones del origen divino hoy están del lado de desacralizar el derecho individual a la propiedad y ponerlo del lado de la sociedad (Dios es el dueño y puso las cosas para beneficio de todos). Manteniendo la discusión en carriles filosóficos, es importante recordar que el argumento del carácter social de la propiedad, dejado suelto, lleva a extremos no deseados. Si es social, ¿quién lo ejercerá? La sociedad carece de una corporalidad subjetiva propia que valore y decida. Cuando hablamos de "derecho social" lo que en definitiva estamos haciendo es dándole facultades a quien detenta el poder para resolver acerca de un derecho de las personas y eso debe llamarnos a manejar los términos con prudencia.

En definitiva, la humanidad ya ha acumulado experiencias como para poder ubicar el tema lejos de aquellas que no han funcionado, o no han funcionado bien. Entre las primeras están todas aquellas que se volcaron al extremo de eliminar o reducir al mínimo la propiedad privada, en favor de diferentes variantes de propiedad "social". El fracaso ha sido uniforme, con sólo diferencias de grado o intensidad. En la otra punta, las teorías del derecho absoluto de la propiedad también han sido abandonadas.

¿Qué queda? Pues, la aceptación teórica de que puede haber otros derechos que, en ciertas circunstancias, justifiquen quitarle a alguien parte de su derecho de propiedad. La enunciación, obviamente, es la parte más fácil del tema, lo bravo es aterrizarlo en fórmulas jurídicas obligatorias. Aproximándose al tema gradualmente, es también fácil aceptar que la vulneración al derecho de propiedad debe ser la excepción y no la regla, así como que esa pérdida total o parcial de un derecho debe compensarse: expropiación y no confisco. Todo dentro de marcos formales de procedimiento y publicidad.

Lo que es muy difícil de establecer con total precisión es la contrapartida que justifique recortar a la fuerza el derecho: qué debe ser aquello que, colocado en el otro platillo de la balanza, pese más que el derecho de propiedad.

Hay otro tema, vinculado al derecho de propiedad, pero de una forma más específica, que cabe abordar: la imposición sobre la herencia. Viene de larga data y es común a muchas legislaciones, lo que contribuye a que sea menos resistido o aun discutido. Sin embargo, juegan en él argumentos de peso, que discuten la validez filosófica de su aplicación, (más allá de consideraciones fiscales coyunturales).

En favor del impuesto se argumentó que una herencia equivale a un beneficio gratuito e inmerecido que recibe una persona, lo que justificaría la imposición: si es aceptable gravar los ingresos provenientes de rentas, cuanto más este por el cual nada hizo el beneficiario para merecerlo. Hay también argumentos prácticos en favor del impuesto de herencias: su relativa facilidad en la fiscalización y la presunción de una menor resistencia, al tratarse de algo que "viene de arriba".

Sin embargo, son poderosos los argumentos en su contra. El primero referido al tema de pretender hacer justicia en función de méritos, (en este caso sería de la ausencia de los mismos: el heredero no hizo nada para ganarse esa riqueza). Como bien señala Hayek, el argumento de juzgar los méritos de otros es muy peligroso, amén de carecer de fundamento filosófico. ¿Quién otorga a otro, sea gobierno o no, la potestad de juzgar méritos? ¿Qué méritos? ¿Medidos cómo? Etcétera. Pero, aun suponiendo que estuviéramos dispuestos a abrir la puerta a tamaña facultad, ¿qué hay de los méritos del causante? Si no fue cuestionado en vida respecto a la legitimidad de su patrimonio, ¿en mérito a qué se puede impedir legítimamente el derecho a disponer en caso de muerte? Si se aplaude al padre que se preocupa por proveer a su familia en materia económica, ¿cómo puede mutar eso de virtud a vicio por el fallecimiento del buen padre de familia?

Por otro lado, ese patrimonio que se grava al transformarse en herencia, ya pagó con anterioridad todos los tributos que correspondía. El impuesto de herencias vendría a ser una suerte de doble tributación.

La discusión sobre el mercado

Es de larga data. En él confluyen argumentos filosóficos y prácticos. Con el devenir del tiempo, las posiciones extremas han ido perdiendo adeptos, por un lado, los fracasos de los socialismos llamados reales, y del otro ya nadie defiende que toda la vida económica de una sociedad se regule exclusivamente por el juego de oferta y demanda. La economía pura de mercado no existe en el mundo y, probablemente, jamás existió. La necesidad de controles y reglamentos, frente a las imperfecciones del mercado y los impactos que producen las fallas en ciertas actividades –caso de las financieras– es algo aceptado universalmente.

Pero el hecho de que no se de la discusión entre posiciones "puras", no significa que la discusión no exista y que no valga la pena adentrarse en la naturaleza del tema y en los argumentos que se esgrimen en favor y en contra del mercado.

La tesis a favor reposa filosóficamente en el derecho a la libertad y en las limitaciones del ser humano. Veremos cómo, curiosamente, este argumento se usa de uno y otro lado.

"El mercado", son en realidad, un número enorme de mercados, de puntos de encuentro de "agentes económicos", como le gusta decir a los economistas. Para el liberal, es una manifestación del derecho a la libertad de las personas. Como principio, debe respetarse. Pero, además, se suman a ello argumentos de orden más práctico:

Ya vimos cómo la naturaleza humana es imperfecta, tanto en su capacidad de conocer, como en su virtud. Aquí es donde los partidarios y detractores tironean de la misma piola en sentidos opuestos.

Coinciden en que los seres humanos no toman sus decisiones con conocimiento absoluto de la realidad en todos sus aspectos y que, a la vez, muchas veces ceden a tentaciones espúreas, los críticos del mercado abogan por su regulación y cuanto más mejor, mientras que los defensores hacen pie en esos aspectos para argumentar en contra de otorgar facultades a alguien para torcer la libertad de los agentes. Una de las críticas que Von Mises hacía al socialismo era precisamente la imposibilidad de un gobierno o un estado de contar con la información suficiente (y la virtud necesaria) como para imponer o impedir que las personas tomen libremente sus decisiones económicas.

Estos aspectos son aún más complejos en el mundo contemporáneo, donde las herramientas informáticas, por un lado elevan los grados de complejidad de la información, pero por otro, también, las diferencias que hay entre agentes en diferentes mercados. El mundo financiero es ejemplo estridente de esto. La complejidad y los volúmenes de información en juego "mataron" la imagen clásica de que el hombre siempre será el mejor juez de su situación. La Mano Invisible y la virtud del egoísmo racional, se mueven con dificultad en la realidad de muchos mercados. Su sofisticación hace muy difícil y muy desparejo el acceso a información suficiente para la toma de decisiones.

A esto se suma la tesis de John Stuart Mill, quien sostuvo que, si bien no hay mejor estructura que el mercado cuando se trata de producir, la distribución de la riqueza debe admitir otros mecanismos y no sólo oferta y demanda.

Como se aprecia fácilmente, una vez que la discusión baja a niveles prácticos, se hace muy difícil de zanjar, más allá de las latitudes que suelen repetirse ("tanto mercado como sea posible, tanta regulación como sea necesaria"). Frente a un episodio real como la crisis financiera del 2009, donde fracasaron a la vez mecanismos de mercado y marcos regulatorios, no es fácil patentar la fórmula del equilibrio mágico.

Pero eso tampoco exime de tomar posición frente a realidades concretas. El mercado, o los mercados, más allá de sus fundamentos filosóficos, son realidades necesarias para la vida económica de una sociedad. Sin mercados no hay señales de cómo está funcionando una economía, y sin eso, la realidad económica caerá en todo tipo de distorsiones. Después del fracaso del socialismo real eso ya no se puede discutir. De la misma manera, el funcionamiento del mercado tiene mucha más ductilidad para adaptarse a los cambios que los mecanismos en base a fiats burocráticos y, por último, el hombre, pecador él, es más propenso a meter la pata desde una posición de poder o de impunidad burocrática, que si tiene que responder por las consecuencias de sus actos.

Cierto es que las decisiones en favor o en contra de soluciones de mercado o regulatorias (o híbridas) deben basarse en las diferentes realidades, pero con ciertos parámetros rectores. Salvo que existan factores especiales (y notorios) que aconsejen limitar o regular el ejercicio de la libertad, debe preferirse esta. No necesariamente por su ausencia de defectos o debilidades, sino por la comparación de ellos con los que ocurren o se producen cuando se sustituye la voluntad de muchos por la presunta sabiduría de pocos.

Más aún, la tendencia –sobre todo en nuestro país– a regular, prohibir, forzar y en general toquetear realidades, en función de temores, reales o presuntos, ha llevado a crear estructuras económicas pesadas, con bajos incentivos y alta carga burocrática, donde se hace hábito el legislar por la patología y se termina por asfixiar el espíritu emprendedor, la inventiva, el riesgo y la valoración del esfuerzo personal.

Aquí también el relato histórico uruguayo se interpone entre el análisis objetivo y la realidad, sonando la alarma contra los efectos despiadados de un modelo desalmado, librado a manos de los poderosos, cuando los efectos negativos sobre la sociedad provienen de haber llevado la regulación y la intervención estatal a un grado exagerado, trabando el desarrollo económico y social de la sociedad. Si de algo no se va a morir el Uruguay es de una fiebre de libre mercado.

Mill y el mercado

Antes de seguir adelante, a otros temas, una palabra sobre la posición de J.S. Mill, acerca de la relativa incapacidad del mercado cuando se trata, no de producir, sino de distribuir.

IGNACIO DE POSADAS MONTERO

Para un liberal "neto", como Von Hayek, se trata de una disquisición peligrosa, que abre una brecha por la cual se introducirían trabas al funcionamiento normal de una sociedad y su economía. Concediendo que tal cosa puede ocurrir, debe admitirse que en ocasiones el mercado no, es el mejor mecanismo para atender situaciones especiales de carencia o debilidad. Tampoco aquí hay parámetros objetivos que puedan usarse para definir exactamente cuándo se justifica apartarse del libre juego del mercado y cuándo no y eso representa un riesgo, pero no por ello puede sostenerse que nunca se justificará la intervención del Estado para atender situaciones de necesidad que el mercado no atiende o lo hace muy tardíamente. A la vez, el reconocimiento debe ir acompañado de estrictas recomendaciones, vista la tendencia a extenderse y autoperpetuarse que tienen las intervenciones estatales. Los casos deben ser notorios, deben abordarse de forma pública y transparente, con el menor andamiaje posible y utilizando políticas y medidas que eviten un asistencialismo crónico.

La historia de la Democracia es también la historia de esa relación de equilibrio tensionado entre la libertad y la igualdad. Si la recorremos veremos que muestra, a través de todos los países y sociedades, un íter que va de la libertad a la igualdad y que no se conoce el camino inverso. Junto a la preocupación solidaria por quienes no pueden acceder por sí mismos a una vida digna y aceptable según los parámetros del siglo XXI, debe existir otra preocupación, que no es opuesta, en el sentido de no-solidaria, sino con una mirada solidaria no inmediata, que acote los entusiasmos hacia medidas que, excepcionalmente, están libres de efectos colaterales negativos y que suelen tener una tendencia a perpetuarse más allá de los objetivos queridos. No es infrecuente encontrar situaciones donde la intervención estatal pudiera estar justificada, pero, que, a la vez, funcionarían mucho mejor con mecanismos transparentes de mercado, como la utilización de prestadores privados, en régimen de libre competencia y bajo la luz transparente del mercado.

Otras consideraciones acerca de la igualdades

Ya expuse mi opinión en el sentido de que la igualdad material no es una de las notas que caracteriza la naturaleza humana y que su persecución implica, necesariamente, (aunque no siempre simétricamente), reducciones a la libertad. Dicho esto, hay en el tema algunas aristas especiales.

Una de las cosas que impactó a Tocqueville cuando su visita a los EE.UU. y que él comenta en su *Democratie en Amerique* es la igualdad, o por lo menos la llaneza, de trato en aquella esta novedosa experiencia de convivencia política. Lo que muchas veces se llama un "espíritu democrático", y es cierto que para que exista un buen funcionamiento en una democracia, es mejor (si no necesario) que a la igualdad ante la ley se le sume una cierta igualdad de trato. Sin embargo, no deja de ser llamativo que aquello que llamó la atención del aristócrata Tocqueville y que este tituló enconosamente de "democracia", no correspondía exactamente a la visión de los Padres Fundadores americanos, quienes no tuvieron la intención de crear una Democracia –todo lo contrario– sino una República. Su ideal no era la Revolución Francesa, sino la Glorious Revolution inglesa, con lo cual su preocupación estaba por el lado de construir una estructura que no fuera presa de los populismos democráticos y garantizara el funcionamiento de una república, en la línea de la mítica República Romana.

El tema de si la igualdad, más allá de la discusión acerca del grado, es un ingrediente necesario de la Democracia, ha tomado nuevo vigor en nuestros días, curiosamente no en aquellas sociedades aquejadas de fenómenos de estancamiento y extrema pobreza, que sería lo esperado, sino en la otra punta del aspecto económico y social: en los países del primer mundo. No es materia de este libro el indagar las causas de este fenómeno, los efectos de la globalización, etc., pero debe reconocerse su existencia y efectos. La realidad de enormes fortunas no es, propiamente, algo nuevo, pero la gran disparidad de ingresos, unida muchas veces a transformaciones económicas que operan negativamente sobre ciertos sectores de las clases medias y, sobre todo, de quienes trabajan en actividades industriales, sometidos a la competencia internacional, ha creado una realidad socioeconómica y política que genera tensiones y malestar, ambientando reacciones políticas antisistema y el advenimiento o la amenaza de *outsiders*.

Todo lo claro que es el fenómeno y aun la explicación de sus causas, no resulta lo mismo en cuanto a las posibles soluciones. Para empezar, no está mandado en ningún lado que todo problema deba necesariamente tener una solución (y, menos, una inmediata). En general, la resultante de las reacciones contra el fenómeno en distintas sociedades discurre por caminos más emocionales o, en todo caso, políticos, que racionales. Pretender eliminar los efectos de la competencia internacional con medidas proteccionistas no funcionará. La Historia ofrece abundantes ejemplos de ello. Tampoco parece aceptable imitar a los economistas clásicos de posguerra aconsejando paciencia, hasta que las economías se ajusten automáticamente. Esperar no es una receta muy entusiasmante para quien ha perdido su trabajo, o simplemente, se siente amenazado. Es claramente una situación que no tiene remedios eficaces de mercado, pero que tampoco ofrece soluciones a partir de intervencionismos estatales.

El Estado de Derecho

Para no meternos en honduras técnicas, hablemos del marco institucional y legal que encuadra a una sociedad y es la base de su convivencia, ordenada, civilizada, segura y previsible. En suma, la base esencial de una Democracia, por la que la civilización ha luchado y trabajado a lo largo de los siglos.

Ese bien fundamental viene, evolucionando en nuestro país, para atrás. Es uno de los campos de la realidad en donde se ven claramente los restos del abandono de los principios fundamentales de un orden natural y uno de los valores básicos del liberalismo clásico. En nuestros días campean el relativismo y el voluntarismo, empezando por la creación de las normas, siguiendo por su interpretación y aplicación y terminando −cada día más literalmente− con el respeto por las instituciones, garantía última de los derechos humanos.

Como bien señalan las corrientes liberales anglosajonas clásicas, la verdadera libertad, la que juega en la vida práctica de las personas, no es la mera ausencia de constreñimientos, una libertad a secas. El concepto es de libertad dentro de la ley: *Liberty within the law.* La ley no es −como ocurre tanto en el pensamiento latino− la herramienta para limitar la libertad, sino, por el contrario, el ámbito dentro del cual soy libre, sabiendo porque y hasta dónde.

Para ser honestos, hay que reconocer que el problema tiene varias aristas y que algunas de ellas vienen de tiempo atrás.

El voluntarismo legiferante no es creación de los recientes gobiernos de izquierda. Lo preceden por muchos años. Mi padre, que, además de ser un hombre inteligente y de sólida formación, tenía un enorme sentido común, solía decir que se puede medir la involución que viene sufriendo nuestro país por el proceso inverso del Registro de Leyes: de un tomo por año en los buenos años ya vamos por cinco o seis. Es muy frecuente ver en la prensa, hacia fines de cada año, cómo se hace la evaluación del rendimiento del Poder Legislativo en función del número de leyes que ha "producido" (siempre es negativa porque se aprueban menos proyectos que los que se presentan). Gravísimo error. No era mero chiste el de Churchill cuando decía que los países progresaban de noche, cuando crece el pasto y los legisladores duermen.

Uno de los problemas más serios que enfrenta la Democracia en muchos de los países que comúnmente llamamos Occidentales, es la mutación, para mal, ocurrida en ese poder del Estado. El parlamento nació, en Holanda e Inglaterra, no como un órgano del gobierno, dentro del Estado, sino como una institución fuera de este, colocada del lado de los ciudadanos y frente al gobierno, con el rol fundamental de proteger a aquellos. No de legislar. De hecho, los primeros parlamentos no legislaban, sólo controlaban al monarca. Con el tiempo, hemos pasado de Parlamento a Poder Legislativo, ubicado lejos de los ciudadanos, dentro del gobierno y del Estado, con el foco (y las expectativas) puestas no en la protección de los derechos, sino en la tarea (quimérica) de cambiar realidades a golpe de leyes.

Esto ha llevado a la manía de estar permanentemente legislando y eso, a su vez, a sumir a los Poderes Legislativos en el descrédito y el desprestigio. Obviamente, dado que sus aspiraciones no pueden no fracasar.

A dicho fenómeno se suma un deterioro en el nivel intelectual de quienes quieren y llegan a ser legisladores, contribuyendo significativamente ya no sólo a la frondosidad legislativa, sino a su pésima calidad técnica.

De nuevo, para ser totalmente honesto, este fenómeno tiene otra veta, que viene de bastante más atrás: el abandono del estudio de los teóricos del derecho natural, restringiendo las bases filosóficas del derecho a escuelas estériles y parciales, como el formalismo, probablemente por la facilidad de no presentar flancos a la crítica filosófica, dado lo estrecho y descarnado de sus bases.

A todo eso se suma un cierto decaimiento en el nivel académico y técnico en la Magistratura, la ausencia de un soporte adecuado de asesoramiento a nivel parlamentario, vista la marcada reducción en el número de legisladores con formación jurídica.

A esas viejas grietas, los años de hegemonía política e institucional de la izquierda han añadido otros factores negativos. En algunos casos de intensidad, como es el de un voluntarismo hiperentusiasta, fiel a las raíces rousseaunianas y utópicas de nuestra izquierda. Otro tanto ocurre con la manía de regular y reglamentar todo, unido al viejo vicio, hoy magnificado, de legislar por la patología: ya no sólo pensando en cómo imponer un deber ser teórico, sino, además, imaginando todas las hipótesis posibles de desviaciones de conducta, todo lo cual contribuye a la creación

213

de piezas legislativas exuberantes en cuanto a extensión, pletóricas de funciones y manifestaciones de propósito, unidas a complejísimas estructuras de prevención y control de males, todo redactado de pésima forma. Me vienen en este momento a la memoria leyes como la de ordenamiento territorial, o de las PPP y la de Medios, o la llamada de inclusión financiera que, como tantas otras, generan enormes problemas para poder ser aplicadas (y no te digo cuando efectivamente se las aplica), batiendo todos los récords históricos en materia de acciones de inconstitucionalidad.

En un Libro de la década de los 60, el profesor Bruno Leoni (*Freedom and the Law*), señalaba que las notas de previsibilidad, generalidad y permanencia, que hacían de la ley la garantía de la libertad, se han ido perdiendo, a manos del voluntarismo legiferante en el que han caído muchos parlamentos democráticos. La prosecución, obsesiva y unívoca, de la igualdad material, unida a la creencia de que la ley no es un instrumento que debe provenir de la realidad, sino que tiene su razón de ser en la modificación de aquella, hace que la ley haya pasado de garantía a amenaza o, por lo menos, a fuente de incertidumbre.

Esta decadencia, que afecta directamente la vigencia de un Estado de Derecho, ocurre bajo dos eslóganes, frutos de los tiempos que corren. El primero, de uso frecuente a nivel legislativo, es: "después lo arreglamos", y el otro, mucho peor y más peligroso, es el famoso *dictum* de que "la política está por encima de lo jurídico".

Hasta ahí el decaimiento a nivel de la creación de derecho positivo, pero el Uruguay vive otras manifestaciones del problema, de igual relevancia. Citaré tan solo tres:

– Un funcionamiento deficiente de la judicatura, en promedio con deficiencias técnicas y prácticas.

– El avance, avasallador, del corporativismo, que se impone sobre derechos básicos, desde el ambulatorio, la propiedad, la libertad de trabajo e industria, el cumplimiento de normas comerciales y otros en una variación del lema mujiquista antes mencionado. Sólo es: lo sindical está por encima de lo político, de lo jurídico y de lo institucional.

– Finalmente, el otro fenómeno destacado de los tiempos actuales es la explotación de los "yacimientos" de derechos. Todo es derecho. Mejor dicho, todo lo que puede imponerse corporativamente lo vamos a imponer como derecho. En los tiempos en que escribo estas líneas se han dado dos ejemplos muy demostrativos de esto. El primero es el problema que enfrenta OSE para cobrarle el agua a cierto número de usuarios: cuando quiso cortarles el suministro a los morosos (como siempre se hizo), se encontró con acciones de amparo, basadas en que, como se puso el agua en la constitución (para echar a los vascos y otros malignos privatizadores), ahora resulta que es un derecho fundamental, se pague o no se pague. Y el otro caso formidable, proviene del sindicato de funcionarios de UTE, que comienza a movilizarse para que se declare a la energía como un derecho fundamental.

No olvidar, claro, que el país vive una suerte de empate por el reclamo empresarial ante la OIT contra las ocupaciones. La OIT lo condenó, pero el sistema institucional del país no lo pone en práctica. Eso sí, en otro claro ejemplo de los principios filosóficos y jurídicos que debe estar en el cerno de las normas (aquello de la generalidad y la objetividad de las normas, así como su aplicación por igual a gobernados y gobernantes), las ocupaciones de lugares estatales sí está prohibida. Casi tan absurdo como esa otra disposición que prohíbe cerrar rutas. Sólo rutas, las calles son otra cosa (¿!).

En definitiva, es menester poner en evidencia todos estos errores y restablecer bases racionales y coherentes de nuestro Estado de Derecho, del sentido de las normas y de su necesidad para que exista un régimen de Libertad dentro de la Ley. Para ello, no digo que sea el único camino, haría mucho bien volver a analizar, tanto a nivel académico, como institucional y aun político, cuáles son las premisas y las enseñanzas del liberalismo clásico sobre estos temas. Empezando por un estudio serio y desprejuiciado en nuestras facultades de derecho de las teorías modernas sobre el derecho natural.

Conclusiones

1. Desde hace ya varias décadas, venimos asistiendo a un progresivo decaimiento del liberalismo. Primero como pensamiento rector en materia de política económica y, más recientemente, en su expresión puramente política.

Es también de evidencia empírica, que muchas de las sociedades llamadas occidentales viven un cuadro de crisis, más o menos aguda, más o menos crónica, a varios niveles de su existencia: 1.º económica, con realidades de macroeconomías condicionadas fiscalmente; 2.º social, con fenómenos de fractura, anomía, inseguridad y marginalidad, y político, con importantes grados de insatisfacción hacia las instituciones y el funcionamiento de la Democracia.

No es mi intención embarcarme en un análisis de la vieja falacia lógica: *post hoc ergo propter hoc.* Si los fenómenos señalados, históricamente posteriores a la erosión del liberalismo pueden predicársdelo como su consecuencia.

Es muy posible, pero también muy difícil de probar concluyentemente.

Mi tesis se coloca al costado de la investigación apuntada, para sostener, simplemente, que el abandono del pensamiento liberal (también sus desviaciones), no ha producido construcciones filosóficas y, sobre todo, morales que evitaran los errores y los consiguientes males, que aquejan a nuestros países.

Rechazamos determinadas certezas, supuestamente porque no las veíamos como probadas, pero en su lugar nos quedamos con opiniones y teorías que revelan aún menos sustento y ni siquiera alcanzan a dar parámetros objetivos y ciertos: todo pasa a ser relativo, y nuestro parecer o nuestras reacciones emocionales, el único patrón moral.

Nuestro país vive un cuadro agudo de este fenómeno: la ley es un instrumento de la mayoría para la consecución de aquellos fines que considera útiles; derecho es aquello que puede exigirse por la fuerza; las instituciones decaen y son sustituidas progresivamente por el corporativismo. Eliminada la adhesión o el respeto por determinados valores, instituciones básicas de la sociedad como la familia, pierden jerarquía y capacidad formadora. La igualdad, aplicada como ideal máximo con el respaldo de la fuerza, se lleva por delante a la libertad, a la propiedad y al derecho a la intimidad. En medio de todo esto, la Democracia no consigue encarar efectivamente los problemas y pierde prestigio y adhesión.

Las tesis del modernismo y del posmodernismo fueron eficaces en su crítica, pero incapaces de sustituir la construcción que demolieron. La izquierda, que pretendió sustituir el orden natural aristotélico-tomista por el materialismo científico y el pensamiento dialéctico, terminó por

217

desmoronarse y buscar una mutación en un voluntarismo romántico hijo del pensamiento rousseauniano. Ha dejado de lado las severidades de las teorías marxistas, quedándose con las banderas de ciertos derechos, sin obligaciones y manteniendo prendidos los motores de la envidia y el odio.

Ya no pueden caber dudas de que con las herramientas culturales y filosóficas en boga no salimos de estas realidades.

Pero eso, constatable en sí, no es suficiente para validar otra opción: los fracasos del voluntarismo y del modernismo no reflotan, *per se* al Liberalismo.

Curiosamente, ocurre con frecuencia que las sociedades descalabradas por políticas voluntaristas, se tornan en la emergencia hacia posturas liberales, para hacer frente a grandes déficits fiscales, inflaciones y desempleos altos y crisis económicas y sociales.

Eso indica, por lo menos, que se ve en el liberalismo algo que es a la vez realista y exigente.

Es un indicio, pero no lo suficiente para sustentar un pensamiento, una filosofía, que explique e ilumine el sentido de la vida del ser humano y de la sociedad.

Es necesario hacer el esfuerzo –no de voluntad, sino de razón– para buscar premisas y valores que den sentido.

Para ello debemos comenzar reconociendo que no todo es igual, no da todo lo mismo y no sólo vale lo que a mí me parece.

La existencia de un orden, en nosotros y en el mundo que nos rodea, más allá del "peligro" de exponernos a tener que encarar la razón de nuestra existencia y la del universo, es una experiencia que no se circunscribe al cristianismo, ni a las corrientes filosóficas que entroncaron con él. Nadie más que Marx discurrió en función de categorías, tanto antropológicas, como sociológicas y económicas. Si algo Marx no fue, es relativista.

Pero, en realidad, nadie puede ser un auténtico relativista, como tampoco un auténtico agnóstico. Para proclamar que todo es relativo hay que partir de la base de que eso es absoluto, así como para sostener la imposibilidad del conocimiento, hay que poder afirmar que eso es cognoscible, absolutamente.

Entonces, el camino de postular que es posible conocer y que el ejercicio de ese conocimiento apunta sin violencia a que hay cierta lógica, cierto orden, en las cosas, es algo fuertemente inducido por nuestra experiencia. En esa línea, es muy revelador que quienes niegan la existencia de un derecho natural y un cierto orden moral, rijan sus conductas y usen un discurso con las mismas categorías que aquellas a quienes denostan.

La experiencia nos muestra que nadie vive como si nada pudiera conocer o como si todo le resultara moralmente indiferente.

Hay un orden. Lo muestra el cielo en una noche estrellada, la secuencia de las estaciones, los elementos que tomamos en cuenta para nuestras decisiones, la forma en que nosotros y los otros se mueven por la vida. Hasta nuestro propio lenguaje.

La experiencia también nos indica que ese orden, sobre todo en lo que hace al ser humano, no es circular, un girar en el vacío, sino que apunta hacia algo. Es cierto que ocurre en la vida de algunos seres humanos un vacío de sentido, la falta de metas, de un fin que sustente el devenir cotidiano. Pero no es menos cierto que cuando experimentamos que eso ocurre, instintivamente lo rechazamos. No es nuestro desiderátum.

La existencia de una causa final, como lo llamó Aristóteles, de un *telos*, lejos de ir a contrapelo de nuestro ser, le da sentido. Como que justifica esa diferencia que el hombre tiene con el resto de los animales.

Sobre esas bases, en definitiva, empíricas, es posible y también necesario, ir procurando (no fabricando), los elementos que componen el descubrimiento (no la visión iluminista) de la naturaleza humana y, de ahí, las normas de su convivencia.

Con mucha humildad, a partir de la convicción dual, de la capacidad del ser humano para conocer y de las limitaciones de esa capacidad, es posible adentrarse en el sentido del hombre y del universo, para descubrir –no inventar– qué cosas podemos afirmar con carácter general y sobre cuáles nos podemos apoyar, para encarar un camino, real y posible, que haga y dé sentido.

Ese ejercicio nos lleva a entender que la imposición de algo como ley debe guardar armonía con la realidad, incluyendo la realidad de la libertad del hombre, porque es algo naturalmente perceptible como de su esencia. Ese mismo ejercicio nos apunta hacia una vida en sociedad de seres humanos iguales en su esencia y diferentes en todo lo demás, con defectos y virtudes, naturalmente afines a su preservación y a la persecución de sus fines, no como átomos individuales sino integrados, asociados o en convivencia. Coordinados, pero a la vez protegidos, por la ley. Lo que se traduce en un universo, dinámico e interrelacionado, de derechos y deberes, ambos de igual esencia y valor.

La convivencia en el marco de la ley incluye, prioritariamente, las reglas del funcionamiento de la Democracia. Desde los principios básicos acerca de la separación de poderes hasta el equilibrio entre los valores de libertad e igualdad, tan difícil como esencial. Frente a esa estructura institucional, la actitud debe ser de respeto: nada de "la política por encima de lo jurídico", ni de pretender distinguir el "derecho formal" (burgués), del "derecho material", (progre). Y el respeto por las instituciones debe reposar en el respeto por la realidad. Por la realidad que tiene en su centro al ser humano, como unidad moral básica y a la sociedad como entidad superior al Estado, a la cual este debe ser funcional y adjetivo.

Ese escudriñar de la realidad y sus señales nos debe apuntar también a analizar las opciones de convivencia práctica que las sociedades tienen, en materia económica y aun social. La experiencia acumulada, tanto de distintas propuestas, como del funcionamiento de las mismas, apunta, y con mucha fuerza, hacia el fracaso de las fórmulas basadas en la ausencia de propiedad privada, unidas a mecanismos de decisión centralizados en el Estado, que responden a creencias acerca de la viabilidad y superioridad de la planificación, tanto económica como social. Con la posible excepción de los líderes comunistas de Corea del Norte (y algún jurásico suelto en nuestro medio), se acabaron los planes quinquenales, los Grandes Saltos para Adelante y otras quimeras voluntaristas, hijas del Iluminismo.

Mirando el otro extremo, lo que podría ser el modelo puro de la resolución de todos los aspectos económicos y sociales de la convivencia social según oferta y demanda en libre juego, si alguna vez ello pudo existir, también hay experiencia acumulada que apunta a limitaciones y llamadas de atención.

Un liberalismo objetivo y realista no puede negar eso. Una cosa es reconocer que los precios, fijados según mecanismos de mercado, son una guía insustituible para entender la realidad (económica y social) o el apreciar que, por lo general, el individuo, en ejercicio de su libertad, resuelve mejor sus situaciones que cuando aparece otro, creyendo que sabe más y con el poder de imponer su "sabiduría". Pero otra cosa es ignorar que son frecuentes las situaciones de mercado donde un agente no cuenta con suficiente información, o donde hay grandes desequilibrios de fuerza o donde las decisiones individuales (o grupales), no toman en cuenta consecuencias negativas sobre terceros, o donde el tipo de actividad (como ocurre con la financiera) tiene un potencial peculiar de "contagiar" otros sectores, causando enormes daños. Para que el mercado pueda cumplir su función (que incluye ser una cancha apta para el desarrollo de los jugadores en función de su libertad), hay que reconocer sus debilidades y sus limitaciones. Lo que no es fácil y donde el equilibrio perfecto (y duradero), es prácticamente imposible.

Tomemos el caso de las experiencias que existen en materia de regulación de la actividad financiera, por ejemplo, en los EE.UU. La reacción ante la más reciente crisis –Lehman Brothers– es de crítica a permitir el funcionamiento "pirata" de los grandes agentes. Sin embargo, el producto tóxico de esta feroz epidemia viral, las famosas hipotecas *subprime*, eran el fruto de una regulación anterior (cuando la crisis de las empresas de créditos hipotecarios, ocurrida durante la presidencia de Bush padre).

Dicho, en otros términos, hay que ser muy humilde y muy prudente a la hora de reglamentar. Porque, además, la experiencia también demuestra que es muy difícil desmantelar las reglamentaciones después de que son aprobadas y más difícil aún atajar a las autoridades regulatorias después de que son creadas. Estas tienen la misma propensión que la tan mentada mancha de aceite.

Por último, sobre este punto: si bien la tesis de John Stuart Mill, acerca de separar producción de distribución, limitando el mercado para la primera, es extrema, debe reconocerse que el mercado no es en materia social siempre la mejor herramienta, (lo cual no habilita a deducir que, cuando eso ocurre, la solución sea estatizar)

Esto presenta un panorama complejo y difícil, muy similar a la discusión acerca de cuándo, cómo y hasta dónde es conveniente "ajustar" el mercado.

Volvamos al panorama más amplio: la Democracia y su funcionamiento.

Dijimos que exige de la presencia de dos valores básicos, la libertad y la igualdad, y que ellos hacen un eje de equilibrio dinámico e inestable: a mayor libertad habrá menos igualdad natural y viceversa.

La Democracia requiere de un funcionamiento de mercado. Hay sociedades con economías de mercado que no son propiamente democracias (p.ej. Singapur), pero la inversa no existe: no hay democracias, (propiamente hablando), que no reposen sobre una economía, (más o menos regulada), de mercado.

Ahora bien, el mercado, por su dinámica, no favorece la igualdad. Esto no significa, como algunos todavía creen, que la ganancia de uno es la necesaria contracara de la pérdida del otro, o que los billones de Bill Gates son los que están faltando en África. La economía no es un juego de suma cero.

En cambio, sí es cierto que el mercado, *per se*, funciona por carriles de premios y castigos y no tiene mecanismos inherentes para empujar a los lerdos o recoger a los caídos. Así, irónicamente, al tiempo que la democracia requiere del funcionamiento del mercado (ámbito de libertad), el mercado conspira en parte contra la Democracia (al achicar los espacios de igualdad).

Siempre en el ejercicio de ir razonando a partir de una observación objetiva de la realidad, estos fenómenos nos deben llevar a pensar en correctivos para esas limitaciones. Limitaciones que no son otra cosa que el reflejo de las imperfecciones del ser humano. De nosotros, los que vamos a tener que decidir si intervenimos en la realidad y de qué forma. El propio íter del razonamiento tiene que llevarnos a un llamado de humildad y prudencia.

Así, no equivocarse creyendo que voy a crear la reglamentación perfecta (y eterna) y tampoco engañarse soñando con inventar el tónico de la igualdad material.

Las mismas señales de "desprolijidad" que nos emite el mercado son llamados de atención a evitar la tentación de pretender fabricar realidades sociales "prolijas".

La justicia no es un valor que puede prenderse y apagarse a *piacere*, pero tampoco es materia para cualquiera en cualquier realidad.

Cuando no hay reglas objetivas e investidura jurisdiccional, mejor es no creerse juez. Solidario sí, siempre. Juez, es otra cosa.

Conocemos el tipo de realidad que se construye cuando ejercen el poder personas que creen haber alcanzado el conocimiento suficiente como para determinar de qué manera debe ordenarse la realidad en una sociedad.

Imponer: esa es la palabra clave.

Imagino a muchos lectores pensando para sí mismos mientras recorren estas líneas: todo muy lindo, pero en base a qué puedes aplicarlo en forma obligatoria.

Pregunta particularmente relevante para el caso de nuestro Uruguay. Estamos viviendo una realidad, cultural y moral plagada de defectos, que da muy malos resultados, pero que el relato oficial defiende como moderno y liberado de un pasado medio mítico, dominado por fuerzas oscuras, económicas (neoliberalismo), culturales (derecha) y hasta espirituales (contrarias al laicismo).

De un lado, una realidad que para nada satisface, pero que se mantiene en pie porque cualquier crítica o intento de cambio es inmediatamente denunciado como un intento de sojuzgar usando viejas armas.

No se trata de eso. Para nada. Se trata de ofrecer una opción: fundada y probada. ¿Perfecta? No. Pero con mucho kilometraje andado, que ha aprendido de sus defectos, que no pretende ser hegemónica, al tiempo de ofrecer siglos de reflexión y de experiencia.

Comenzamos este libro con la constatación de que, en nuestro Uruguay, ser liberal es un quemo.

Espero que, al haber llegado hasta aquí, reconozcamos que a los incendiarios no les ha ido nada bien, al punto de concentrarse en el lanzallamas, sin herramientas para construir.

Por otra parte, hay que romper esa postura tan típica de nuestro tiempo, por la que tendemos (sobre todo los jóvenes), a echarnos para atrás y preguntar, con aire suficiente: "¿a mí qué?" Como si otros debieran hacer el esfuerzo para convencerlos de comprar un producto, otro más, entre tantos que tienen a mano. Pues, no es así, el ser humano que se ubica como consumidor privilegiado del mundo en que vive, con una variedad tan enorme de cosas rutilantes para experimentar y consumir, será el individuo, más bien aislado, que deberá dedicarse a gambetear todo aquello de la realidad que le afecta negativamente y para lo cual no está dispuesto a mover un dedo que la cambie.

BIBLIOGRAFÍA

Arendt, Hanna. (1998). *Crisis de la república.* Madrid: ed. Taurus. Aristóteles. (1964). *Obras.* Madrid: ed. Aguilar.

Aron, Raymond. (1997). *Introduction à la Philosophie Politique.* Paris: livre de Poche. Aron, raymond. (1998). *Une Histoire du xxe. Siècle.* Paris: Plon.

Aron, Raymond. (2005). *Penser la liberté, penser la démocratie.* Paris: ed. Gallimard. Arthur, John. (1992). *Democracy.* Boston: ed. Wadsworth Pub. Co.

Baoz, David. (1997). *Liberalismo. Una Aproximación.* Ed. Faes.

Barber, Benjamin. (1989). *The conquest of Politics.* Princeton: Princeton u. Barber, benjamin. (2004). *Democracia fuerte.* Madrid: ed. Almuzara.

Batlle, Albert (ed.). (1992). *Diez textos Básicos de ciencia Política.* Barcelona: ed. Ariel. Berkowitz, Peter. (2001). *El liberalismo y la Virtud.* Barcelona: ed. Andrés bello. Berlin, isaiah. (1997). *Personal intentions.* London: Pimlico.

Berlin, Isaiah. (1997). *The Proper Study of monkind.* London: Pimlico. Berlin, isaiah. (1997). *The Sense of reality.* London: Pimlico.

Berlin, Isaiah. (1999). *The roots of romanticism.* Princeton: Princeton u. Berlin, isaiah. (2007). *Liberty.* Oxford: oxford u. Press.

Bobbio, Norberto. (1987). *The future of democracy.* Minnesota: univ. Of minnesota. Bobbio, norberto. (1996). *El filósofo y la Política (Antología).* Ciudad de méxico: f.c.e. Britannica's. (2008). *The ideas that made the modern World.* London.

227

Broadie, Alexander. (2012). *The Scottish enlightenment.* Edimburgh: ed. Birlinn ltd. Buchanan, James m. (1997). *The limits of liberty.* Chicago: university of chicago.

Buchanan, James M. (1998). *Freedom in constitutional contract.* Austin: texas a & m University.

Burke E. & Payne T. (2012). *Reflections on the revolution in france & The rights of man.* Nueva York: anchor.

Burns, J. Mac Gregor. (1982). *The crosswinds of freedom.* Nueva York: Vintage books. Caminal badia, miguel. (1996). Manual de ciencia Política. Barcelona: tecnos. Carpintero, francisco. (2008). *La ley natural.* Madrid: ed. Encuentros.

Cohen, J. & Fermon, N. (1996). *Princeton readings in Political Thought.* Princeton: Princeton u.

Cohen, Jean & Arato, A. (1992). *Civil Society and Political Theory.* Boston: m.i.t. Press. Collin, denis. (1999). *La Société, le Pouvoir, l'etat.* Paris: ed. Seuil.

Collin, Denis. (1999). *Les Grands notions Philosophiques. La Justice et le droit.* Paris: ed. Seuil.

Crowe, Michael B. (1997). *The changing Profile of natural law.* The hague: cambride u. Crozier, michel. (1997). *Etat modeste, etat moderne.* Paris: fayard.

Chilcote, Ronald, H. (1981). *Theories of compartives Politics.* Chicago: West u. Press. Dahl, robert a. & lindblom c.a. (1991). *Politics, economics and Wellfere.* Boston: Transactions Publishers.

Dahl, Robert A. (1989). *Democracy and its critics.* Boston: yale u. Press.

Del Castillo, Pilar & Crespo, Ismael. (1997). *Cultura Política.* Barcelona: tirant blanch. Denquin, Jean m. (2001). *Science Politique.* Paris: Presse universitaire de france. Desai, menghnad. (2002). *Marx's revenge.* London: ed. Verso books.

Diamond, Larry *et al.* (1995). *Politics in developing countries.* Nueva York: lynne rienner. Easton, david. (1973). *Enfoques sobre teoría Política.* Amorrortu editores.

Eric Hobsbawn. (1967). *The Age of extremes.* London: abacus.

Etzioni, Amitai (ed.) (1995). *New communitarian Thinking.* Virginia: university Press Virginia.

Etzioni, Amitai. (1995). *The new communitarian Thinking.* Virginia: ed. U. Press, Virginia.

Fawcett, Edmund. (2014). *Liberalism.* Princeton: ed. Princeton.

Fay, C. (1975). *Human evolution: a challenge to Thomistic ethics.* London: one World. Robert.

Filmer (2009). *Patriarcha or the natural Power of Kings.* London: routledge. (edición original: 1680).

Foucauld, Jean Baptiste de. (2002). *Les 3 cultures de development Humain.* Paris: odile Jacob.

Friedman, Milton. (1962). *Capitalism and freedom.* Chicago: u. Of chicago. Gaus, gerald f. (1996). *Justificatory liberalism.* Oxford: oxford u.

George, Robert P. (1996). *Natural law, liberalism and morality.* Glasgow: clarendon Press.

George, Robert P. (1999). *In defense of natural law.* Oxford: oxford u.

González Laurino, Carolina. (2001). *La construcción de la identidad uruguaya.* Montevideo: taurus.

González, Luis. (1991). *Political Structures and democracy in uruguay.* Univ. Of notre dame.

Gordon, Scott. (1995). *Historia y filosofía de las ciencias Sociales.* Barcelona: ed. Ariel. Gottlieb, anthony (2002). *The dream of reason.* Nueva York: liveright P.c.

Gottlieb, Anthony. (2002). The dream of enlightenment. Nueva York: liveright P.c. Gray, John. (1986). *Liberalism.* Minnesota: university of minnesota.

Gray, John. (1997). *Endgames.* Oxford: Polity.

Gray, John. (2001). *Las dos caras del liberalismo.* Barcelona: Paidós. Hall, John a. (1986). *Powers and liberties.* Boston: Pequin.

Hamilton, Madison & Jay. (1961). *The federalist Papers.* Chicago: menthor.

229

Harvey, David. (2007). *A Brief History of neoliberalism.* Oxford: Oxford U.

Hayek, Frederick A. (1960). *The constitution of liberty.* Chicago: university of chicago.

Hayek, Frederick A. (1978). *Law legislation and liberty.* London: routledge.

Hayek, Friederick A. (2008). *Camino de Servidumbre.* Madrid: Alianza.

Heilbroner, Robert l. (1990). *The Worldly Philosophers.* Clarion.

Herrera, Luis Alberto de. (1910). *La revolución francesa y Sudamérica.* Montevideo: Poder legislativo.

Hervada, Javier. (1992). *Lecciones Propedéuticas de filosofía del derecho.* Barañáin: u. De navarra.

Hervada, Javier. (2006). *Síntesis de Historia de la ciencia de derecho natural.* Barañáin: eunsa.

Himmelfarb, Gertrude. (2007). *The roads to modernity.* Nueva York: Knopf.

Hofstadter, Richard. (1989). *The American Political tradition.* Nueva York: Vintage books. Horowitz, irving & lipset, Seymour m. (1978). *Dialogues on American Politics.* Oxford University Press.

Jacobs, Lesley A. (1997). *An introduction to modern Political Philosophy.* Nueva York: Prentice hall.

Joyce, J. (2010). *Politics.* Nueva York: teach yourself.

Keynes, John Maynard. (1997). *Teoría General de la ocupación, el interés y el dinero.* Ciudad de méxico: f.c.e.

King Gamble *et al.* (2002). *Introduction to Political Science.* Nueva York: Prentice hall. Kolm, Serge c. (1985). *Le contral Social liberal.* Paris: ed. Presse u.

Kymlicka, Will. (2002). *Contemporary Political Philosophy.* Glasgow: clarendon Press. Lakoff, george. (2002). *Moral Politics, How liberals and conservatives Think.* Chicago: Univ. Of chicago.

Laski, Harold J. (2015). *The rise of european liberalism.* New brunswick: traducción P. Lassalle, José ma. (2010). *Liberales.* Barcelona: debate.

Le Point. (2008, oct.). Les textes fondamanteux de la Pensée Politique. *Hors Series, no. 19.* Leoni, bruno. (1961). *Freedom and the law.* Nueva York: library fund.

Locke, John. (1994). *Letter concerning tolerance.* Oxford u Press. Locke, John. (1996). *Two treatises of Goverment.* London: mentor. Lowi, Theodore. (1987). *The end of liberalism.* Nueva York: W.W. norton.

Luce, Edward. (2014). *The retreat of Western liberalism.* Nueva York: atlantic monthly Press.

Macintyre, Alasdair. (2005). *Whose justice, Which rationality?* Notre dame: u. Of notre dame.

Macintyre, Alasdair. (2006). *After Virtue.* London: u. Of notre dame. Macintyre, alasdair. (2006). *Ethics and Politics.* Nueva York: cambridge u. Press.

Macintyre, Alasdair. (2006). *The tasks of Philosophy.* Nueva York: cambridge u. Press. Manent, Pierre. (1994). *An intellectual History of liberalism.* Princeton: Princeton u. Marquand, david (1997). *The new reckoning.* Nueva York: Polity Press.

Marx, Karl. (1968). *El capital.* E.d.a.f.

Massini Correas, Carlos. (2006). *La ley natural y su interpretación contemporánea.* Pamplona: Univ. De navarra.

Mc Clelland, J.S. (1998). *A History of Western Political Thought.* London: routlegde. Meynaud, Jean. (1964). *Introducción a la ciencia Política.* Madrid: tecnos.

Mill, John Stuart. (1859). *Sobre la libertad.*

Mill, John Stuart. (1940). *Principles of Political economy.* London: longman´s. Mill, John Stuart. (1996). *Politics and Society.* Ed. Fontana.

Mises, Ludwig Von. (2002). *Planificación para la libertad.* Buenos aires: Centro de estudios sobre la libertad.

Mises, Ludwig Von. (2005). *Liberalism.* Mises institute.

Montesquieu. (1996). *The Spirit of the laws.* Los angeles university of california. Mulhall, Stephen. (1996). *Liberals and communita-*

rians. Nueva York: blackwell. Nemo, Philippe & Petitot, Jean. (2006). *Histoire du libéralisme en europe.* Paris: Puf.

Novak, Michael. (1991). *The Spirit of demacratic capitalism.* Nueva York: madison books. Novak, michael. (2004). *The universal Hunger fo liberty.* Nueva York: basic books.

O'Meara, Michael. (2004). *New culture, new right Antiliberalism in Postmondern Europe.* London: bloomington.

Ophulus, William. (1996). *Requiem for modern Politics.* Chicago: Westview Press. Piedra, alberto m. (2004). *Natural law.* Langham: lexington books.

Platón. (1967). *La república.* Barcelona: tesoro literario.

Poder legislativo. (1997). *Constitución de la república oriental del uruguay.*

Porter, Roy. (2001). *Enlightenment.* London: Penguin Press.

Posadas, Ignacio. (2010). *Manual de ciencias Políticas.* Montevideo: ucudal, 3ª. Edición.

Prieto, Fernando. (1998). *Lecturas de Historia de las ideas Políticas.* Barcelona: unión editorial.

Rauch, Jonathan. (2005). *Demosclerosis.* London: times.

Rauch, Jonathan. (2010). *Governments's end.* Nueva York: Public affairs.

Rawls, John. (2005). *Political liberalism.* Nueva York: Columbia U.

Real de Azúa, Carlos. (1964). *El impulso y su freno.* Montevideo: ediciones de la banda oriental, 1968.

Real de Azúa, Carlos. (1967). *La clase dirigente.* Montevideo: nuestra tierra.

Real de Azúa, Carlos. (1968). *Partidos, Política y Poder en uruguay.* Montevideo: universidad de la república.

Roll, Eric. (1992). *A History of economic Thought.* London: faber & faber.

Rosanvallon, Pierre (1992). *La crise de l'etat Providence.* Paris: du Seuil.

Rosanvallon, Pierre (2000). *La démocratie inachevée.* Paris: Gallimard.

Rothbard, Murray N. (2003). *The ethics of liberty.* Nueva York: N.Y.U. Press.

Russell, Bertram. (1945). *History of Western Philosophy.* London: routledge. Ryan, alan. (2012). *On Politics.* Nueva York: liveright Publishting g.

Ryan, Alan. (2012). *The making of modern liberalism.* Princeton: Princeton u.

Sabine, George. (1998). *Historia de la teoría Política.* México: fondo de cultura económica.

Sahakian, W y M.L. (1996). *The ideas of the Great Philosophers.* Nueva York: barnes y noble.

Sartori, Giovanni. (1996). *Comparative constitutional engineering.* Nueva York: Nueva York U. Press.

Sartori, Giovanni. (1997). *Teoría de la democracia.* Madrid: alianza. Sartori, giovanni. (1998). *Elementos de teoría Política.* Madrid: alianza.

Schumpeter, Joseph. (1987). *Capitalism, Socialism and democracy.* Chicago: g. Allen. Sebrelli Juan J. (2006). *Crítica de las ideas Políticas Argentinas.* Buenos aires: Sudamericana.

Sen, Amartya. (2009). *The idea of Justice.* Boston: harvard u.

Smith, Adam. (2004). *Theory of moral Sentiments.* Glasgow: clarendon Press. Smith, adam. (2007). *The Wealth of nations.* Chicago: university of chicago.

Spragens, Thomas (1995). *New communitarian Thinking.* Etzioni, Amitai (ed.). Virginia: university Press Virginia.

Starr, Paul. (2007). *Freedom's Power. The true force of libertalism.* Nueva York: basic books.

Strauss, Leo. (1995). *Liberalism, Ancient and modern.* Chicago: O. of chicago. Strauss, leo. (2002). *Natural law, liberalism and morality.* Oxford: Oxford U. Strauss. Leo. (1950). *Natural right and History.* Chicago: U. of chicago.

Tarnas, Richard. (1991). *The Passion of The western mind.* Nueva York: random house. Tawney, r. H. (1998). *Religion and The rise of capitalims.* London: Penguin.

Taylor, A.J. (1965). *English History 1914-1945.* Oxford: oxford university Press. Tocqueville, alexis (1864). *Démocratie en Amérique.* Paris: michel levy frères.

Touchard, Jean. (1964). *Historia de las ideas Políticas.* Madrid: Tecnos. Touraine, alain. (1995). *Qué es la democracia.* Madrid: f.c.u.

Valadier, Paul. (2000). *l'Anarchie des Valeurs.* Paris: albin michel.

Van Parjis, Philippe. (1999). *Real freedom for All.* London: clarendon Press. Villey, michel. (2014). *Le droit et les droits de l'homme.* Paris: Puf.

AGRADECIMIENTOS

Agradezco las gestiones de Alex Chafuen, Pablo Viana, la Fundación FREE, el Centro Diego de Covarrubias y Unión Editorial por los esfuerzos y trabajo para que esta edición sea posible en España y América.